우리 아이 책 좀 읽게 해주세요

우리 아이
책 좀 읽게
해주세요

양혜정 지음

행성B

차 례

들어가는글
25년 독서 지도 현장에서 만난 이야기들 ——————————— 7

1 아이들은 왜 책을 안 읽을까?

교과 지도에서 독서 지도로 · 14 | 초등학교 고학년이 되니
안 읽기 시작한다 · 19 | 시간이 없다는 핑계 · 25 | 재미가
있어야 한다 · 31 | 문해력이 중요하다 · 37 | 책이 싫다는 아
이들 · 44 | 독서에도 슬럼프가 있다 · 50

2 디지털 시대의 책 읽기

'인생 책'을 만나면 생기는 일 · 58 | 독서 혁명이 필요한 시
대 · 64 | 영상과 친한 아이들 · 69 | 창의력을 키우는 독
서 · 74 | 공감, 감성을 키우는 독서 · 80 | 디지털 리터러시
를 길러라 · 86 | 독서가 뇌를 바꾼다 · 92 | 책은 느리게 읽
어야 참맛 · 97

3 부모가 읽어야 아이가 읽는다

시행착오를 발판 삼다 · 104 | 왜 우리만 읽어요? · 110 | 부
모의 독서 경험 · 117 | 작은 습관의 힘을 믿어라 · 123 | 넛
지를 활용하라 · 130 | 독서를 추구하는 그릇 · 136 | 칭찬은
마법이다 · 141

④ 잘 읽어야 잘 말하고 잘 쓴다

어른의 기다림이 필요한 아이들 · 148 | 아이와 함께 독서 목록 정하기 · 156 | 소리 내어 읽자 · 161 | 우리 아이는 무슨 생각을 하고 있을까? · 165 | 해결책을 함께 찾아보자 · 172 | '틀림'과 '다름'을 배운다 · 180 | 틀을 만들어라 · 188 | 글쓰기를 싫어하는 아이들 · 193 | 글쓰기 지옥에서 탈출하는 일곱 가지 방법 · 200

⑤ 책 읽는 아이의 미래는 밝다

누가 시키지 않아도 스스로 읽어요 · 208 | 학교 수업이 즐거워졌어요 · 214 | 내 생각을 마음껏 표현해요 · 220 | 부모님과 사이가 좋아졌어요 · 225 | 진로를 찾았어요 · 230 | 독서 토론은 생각을 넓혀줘요 · 235 | 친구를 이해하게 됐어요 · 242 | 문학 책을 읽고 달라졌어요 · 248 | 독서 모임을 직접 만들고 주도해요 · 254

맺는글
아이들에게 책 읽는 행복을 선물하세요 ——————— 260

부록 ——————————————————————— 262

25년 독서 지도 현장에서 만난 이야기들

"음… 책 냄새 좋다. 선생님, 책 냄새 너무 좋아요."

교실 문을 열고 들어오며 한 아이가 말합니다. 눈을 감고 깊이 숨을 들이마시는 아이의 얼굴이 반짝입니다.

'그건 내가 하고 싶은 말인데! 요즈음도 이런 보물 같은 친구가 있나?'

저의 눈이 번쩍 뜨입니다. 새로운 친구에게 달려가 반갑게 맞이합니다.

"책 좋아하는 친구구나, 어서 와, 반갑다!"

그런데 아이는 멋쩍어하며 고개를 숙인 채 말합니다.

"저 책 별로 안 좋아하는데…….

"그래? 그렇다면 이제 곧 좋아하게 될 거야."

저는 마치 박물관에서 튀어나온 듯한 아이를 신기하게 바라봅니다. 호기심 가득한 눈빛으로 두리번거리는 아이의 모습이 참 인상 깊습니다. 요즘 세상에 교실에 들어올 때 책꽂이에 꽂힌 책들을 보며 호기심 어린 눈빛을 보내는 친구들은 희귀합니다.

요즘 아이들은 핸드폰이 친구입니다. 조금이라도 시간이 나면 자연스럽게 핸드폰을 들고 게임을 하거나 영상을 보며 웃고 즐거워합니다. 뭐가 그리 재미있냐고 물어도 몰입하느라 금방 답변이 나오지 않습니다. 조용히 혼자 앉아 있는 것이 심심해서 주변을 둘러보던 아이들, 그림책이라도 손에 쥐고 시간을 보내던 아이들, 옆에 있는 친구에게 말을 걸며 재미있는 시간을 찾고자 하던 아이들은 이제 드뭅니다.

예전과는 다른 아이들의 행동을 보며 현재 독서 지도의 가장 큰 적은 핸드폰이라는 생각을 합니다. 아이들에게 책을 읽히려고 할 때마다 핸드폰과 싸우는 기분이 듭니다. 책이 핸드폰 속 흥미롭고 재미난 영상을 이길 수는 없는 것이 현실입니다. 이런 환경 속에서 아이들에게 책 읽기의 즐거움을 알리기란 여간 힘든 일이 아닙니다. 그래서 오늘도 아이들이 손에 책을 쥐게 하려고 흔히 말하는 '밀당'을 하는 중이지요.

부모님과 상담하며 가장 많이 나오는 말은 "우리 아이 책 좀 읽게 해주세요.""글 좀 혼자 잘 쓰게 해주세요"입니다.

"어떻게 하면 아이가 책을 잘 읽고 글쓰기를 잘할까요?"가 아니라 그저 아이가 그렇게 되도록 선생님이 만들어달라는 말입니다. 하지만 내 아이의 문제는 부모인 내가 선두에 서서 해결해나가야 합니다. 가정에서 함께하지 않는 독서 교육은 그 빛을 발하기가 어렵습니다. 부모가 함께 책을 읽고 함께 이야기를 나누고 함께 글을 쓸 때 아이는 자연스럽게 독서와 글쓰기를 즐기게 됩니다.

이 바쁜 세상에 언제 시간을 내느냐고, 뭐 그런 태평한 소리를 하느냐고 하실지도 모르겠습니다. 그러나 이 세상에 내 아이 교육만큼 중요한 일은 없다는 데에 부모님들은 모두 공감하실 겁니다. 가장 중요한 일을 하는데 시간이 없다는 말은 어쩌면 핑계일 것입니다. 단언컨대 가정에서 부모가 참여하는 독서 교육이 가장 효과적입니다.

독서 교육에 발을 들인 지 어느새 25년이 훌쩍 넘었습니다. 그동안 만났던 많은 아이와 학부모님, 선생님들의 얼굴이 떠오릅니다. 개인 수업, 그룹 수업, 학교 단체 수업, 도서관 수업, 교사 연수 수업, 학부모 대상 특강 수업, 성인 독서 토론 수업, 독서 지도사 양성 수업, 문화센터 수업 등 그동안 해온 수업을 돌이켜 보다 문득 현장에서 겪으며 알게 된 독서 이야기를 책으로 엮으면 어떨까 하는 생각이 들었습니다.

물론 세상에는 연구와 이론을 담은 책, 구체적인 실천 방법을 담은 책 등 좋은 책들이 이미 많이 나와있습니다. 그럼에도 불구하고 용기를 낸 것은 바로 저의 경험을 믿었기 때문입니다. 저는 현장에서 많은 아이와 다양한 독서 문제를 만났습니다. 이를 해결하는 과정에서 알게 된 저만의 노하우를 알려드리고 싶었습니다. 현장에서 직접 부딪히며 깨달은 효과적인 방법들을 나누고 싶었습니다.

먼저 1부에서는 아이들이 책을 안 읽는 이유에 대해 알아보고 부모님이 어떻게 대처하면 좋을지를 알아보겠습니다. 독서 지도 현장에서 아이들이 책을 안 읽어 오는 사례와 그 이유를 참고하면 가정에서도 효과적인 지도가 가능할 것입니다.

2부에서는 변화하는 세상의 이모저모를 살펴보고 왜 여전히 독서가 중요한지 알아보겠습니다. 앞으로 우리 아이들이 살아갈 세상은 부모님들이 살아온 세상과는 또 다른 모습이겠지요. 그렇다고 해도 책이 주는 가치는 변하지 않을 것입니다. 아니, 어쩌면 더 중요해질지도 모릅니다.

3부에서는 부모님의 독서 실태를 살펴보고 양육 태도와 아이들 독서의 상관관계를 살펴보겠습니다. 그리고 가정에서 어떤 독서 양육 태도를 가지면 좋을지에 대하여 알아보겠습니다.

4부에서는 가정 독서 지도와 관련하여 잘 읽고 잘 말하고 잘 쓰려면 어떻게 해야 할 것인가 하는 내용을 다룹니다. 여기에 소개된 방법들은 실제 지도 현장에서 아이들에게 적용해 효과를 본 것들이니 실질적인 도움을 주리라 생각합니다.

마지막으로 5부에서는 독서를 통해 변화한 아이들의 이야기입니다. 긍정적인 사례가 굉장히 많지만 그중에서도 특히 부모님들께 도움이 될 만한 것들 위주로 정리했습니다.

독서는 살아가는 데 있어 영원한 벗이고 힘을 주는 존재입니다.《우리 아이 책 좀 읽게 해주세요》가 책이라는 소중한 벗을 우리 아이들이 평생 곁에 둘 수 있도록 부모님이 이끌어주시는 데 도움이 되기를 소망합니다.

1

아이들은 왜 책을 안 읽을까?

교과 지도에서 독서 지도로

아르바이트로 교과 지도를 시작하다

대학교 1학년 여름방학 때 과외 아르바이트를 시작하게 되었습니다. 가르치는 일이 직업이 될 줄은 그때는 미처 몰랐습니다. 서울에 살며 대학을 다니고 방학이 되면 지방 본가로 내려와 아이들을 가르치며 용돈을 버는 대학생이 많던 시절이었습니다. 엄마 친구의 아들 둘과 그들의 친구까지 해서 초등학생네 명을 가르쳤습니다. 아이들 수는 계속 늘어나서 졸업할 때쯤엔 도저히 그만둘 수도 없는 인원이 되었습니다. 처음에는내 손으로 서울 생활비를 벌고 엄마한테 드릴 돈이 생긴다는것이 좋아서 열심히 했지만 점점 가르치는 일을 즐거워하는 저 자신을 발견하고 직업으로 삼게 되었습니다.

아이들이 공부하다 지치는 기색이 보이면 제가 읽었던 책 이야기를 해주었습니다. 그러면 아이들은 금세 눈을 초롱초롱하게 뜨고서 저를 처다보곤 했습니다. 아이들은 이야기해 주는 시간을 손꼽아 가며 기다렸고 틈만 나면 재미있는 얘기를 해달라고 졸랐습니다. 저는 그런 아이들을 위해 아이들이 좋아할 만한 이야기책을 미리 읽어놓기도 했습니다. 저 역시 이야기를 하는 그 시간이 교과목 공부 지도를 하는 시간보다 더 즐거웠어요. 그러다가도 시험 때는 밤새워 가며 공부를 시켰습니다. 잘 따라오는 아이도 있었지만 유난히 힘들어하는 아이도 있었습니다. 그런 아이에게는 무조건 암기하도록 했습니다. 이런 방식이 효과도 제법 있어서 아이들 성적이 오를 때면 힘이 솟았습니다.

하지만 무언가 문제가 있다는 생각을 지울 수가 없었습니다. 시험 날짜가 가까워질수록 마음이 급해졌습니다. 이해 못하는 아이를 다그치며 암기를 시키고 함께 밤을 새우며 올린 성적은 한계가 있었습니다. 문득 이런 방식이 맞나 하는 생각이 들었습니다. 아이들의 공부 습관을 들여다보고 좀 더 근본적인 교수법을 고민하는 날들이 많아졌습니다. 그러는 사이 아이들은 계속 몰려왔고 저는 점점 더 바빠졌습니다.

결혼을 하고 아이를 낳으며 교과목 가르치는 일을 계속했습니다. 그러다 첫째 아이가 유치원생이 되었을 때 또래 엄마들과 품앗이 수업을 하게 되었어요. 영어, 과학 실험, 미술, 음악 등 각 과목을 다섯 명의 엄마들이 나누어 맡기로 했지요. 저는 자연스럽게 독서와 글쓰기를 지도하게 되었어요. 그러자 미루었던 숙제처럼 또다시 의문이 찾아들었습니다.

회의감이 몰려오다

이게 최선인가, 이 방식이 맞나, 내가 좋아하고 스스로 만족한다고 해서 충분한 건 아니지 않나? 내가 고른 이 책들은 수업에 적합한가? 관련 질문들은 적당한가? 내 아이뿐만 아니라 다른 집 아이들도 함께하는데 뭔가 부족하다 싶었습니다. 전문적인 공부가 필요하다는 생각이 들었어요.

고민 끝에 어느 사단법인에서 교육하는 독서 지도사 과정을 신청했습니다. 주중에는 아이들에게 교과 지도를 하고 주말이 되면 독서 지도 공부를 하러 울산에서 서울까지 비행기를 타고 오갔습니다. 공부하는 내용이 재미있어서인지 힘든 줄도 모르고 했습니다. 저는 열정을 끌어올렸습니다. 그 안에서 책 읽기와 글쓰기의 해답을 얻었습니다. 신기하게도 그동안 교과 지도를 하면서 답답해하던 문제도 그 답이 보이기 시작했어요.

교과서 내용을 이해 못 하는 아이들, 지문을 읽고도 무엇 뜻인지 몰라 되묻는 아이들, 필기 내용을 두세 번씩 설명해도 고개를 갸웃하는 아이들, 계속 단어 뜻을 물어보는 아이들. 이 아이들의 공통적인 문제는 바로 독서로 쌓아 올려야 하는 공부 기초 체력이 없다는 것이었습니다. 읽기가 잘 안 되니 교과서나 문제지 지문 이해를 어려워한다는 것을 확실하게 알게 되었지요. 이 사실을 알고 나니 성적을 올리기 위해 목에서 피가 나오도록 수없이 반복 설명하며 밤을 새우는 일들이 허망하게만 여겨졌습니다. 근본적인 문제를 해결할 교수법이 무엇인지 알게 된 것이죠.

독서는 기초 체력이다

"저희 아이가 영어를 곧잘 하는데 지문을 해석해놓고 주제를 못 찾는다고 합니다. 영어 학원에서 독서 수업 좀 받으라고 해서 왔어요. 독서 수업 하면 좋아질까요?"

"저희 아이가 수학 지문을 이해 못 해서 문제를 못 풀어요. 질문이 길어지면 무슨 말인지 모르겠대요. 담임 선생님께서 책을 많이 읽게 하라고 하시네요."

"저희 아이가 국어 비문학은 잘 맞추는데 자꾸 문학 부분을 틀려요. 선생님 말씀으로는 다른 답을 유추하거나 등장인물의 감정에 공감을 못 해서 자꾸 틀린다고 합니다. 문학 책 독서 지도 좀 부탁드려요."

제가 부모님들과 자주 하는 상담 내용입니다. 기본적인 독서 교육이 잘 이루어지지 않아 아이들의 교과목 공부가 문제되고 있다는 걸 알 수 있습니다. 국어는 그렇다 해도 영어, 수학, 과학까지 영향을 미친다고 하면 부모님들도 처음엔 의아해하십니다. 그러나 학교에서는 이미 알고 있습니다. 각 과목 선생님들마저도 콕 집어 지적하는 부분입니다.

부모님들은 아이의 기초 체력을 길러주기 위해 먹는 것 하나에도 신경을 쓰며 몸에 좋다는 보약은 물론 영양제까지 챙깁니다. 독서도 그래야 합니다. 어린 시절부터 책을 골고루 잘 읽게끔 신경을 써주어야 평생 공부 체력이 생기는 것입니다.

공부 체력은 책을 읽는 과정에서 생기는 부수적인 효과입니다. 독서를 통해 우리 아이들은 평생 친구를 얻을 것이고 인생의 고비에서 만나게 될 문제를 해결할 지혜를 키우게 될 것입니다. 독서는 삶을 좌우할 가치관을 만들어주며 기본 인성을 길러줄 것입니다.

초등학교 고학년이 되니 안 읽기 시작한다

저학년까지는 잘 읽는다

"우리 아이가 초등 3학년까지는 책을 곧잘 읽었어요. 그런데 4학년이 되더니 안 읽기 시작해서 벌써 5학년인데 지금은 들여다보지도 않아요. 도서관에 데려가도 만화책만 보다가 오고요. 왜 이럴까요?"

"중학생이 되면 바빠서 책 읽을 시간이 없다고 하던데 초등 6학년인 지금이라도 많이 읽어두어야 하지 않을까요? 책을 점점 안 읽는 데다 독서 수준도 초등 저학년에 머물러 있는 거 같아서 걱정이에요."

제가 상담을 진행할 때 고학년 아이를 둔 부모님에게서 많이 듣는 말입니다. 공통점은 아이들이 초등 저학년 때까지는 잘 읽었다는 것입니다. 어려서부터 열심히 책 읽기를 시켰는데 고학년이 되면서 안 읽으니 부모님으로서는 애가 탈 수밖에 없습니다.

양적인 면에 치중한 비자발적 독서가 문제다

왜 아이들은 고학년이 되면 책을 안 읽을까요? 저마다 독서 환경이 다르겠지만 대표적인 이유를 하나 들자면 그동안 독서가 자발적이지 않았다는 겁니다. 부모님이 강압적으로 독서를 시킨 아이들이 여기에 해당하지요.

도서관에서 책을 빌려 읽는다는 아이들에게 보통 몇 권이나 읽는지 물어봤습니다. 보통 부모들이 대신 책을 빌려다 주는데 많게는 가족들 대출 카드까지 들고 가서 일주일에 15권 정도씩을 빌린다고 해요. 저학년 아이들은 자랑스럽게 다 읽는다고 큰소리로 대답합니다. 학년이 올라갈수록 어떨까요? 일단 대출해 오는 양이 10권 정도로 줄어요. 책도 어렵습니다. 저학년 때와 달리 글밥은 몇 배나 많고 그림은 적습니다. 당연히 다 못 읽겠지요. 하루에 한 권 이상씩을 소화해야 하는데 그러자면 제대로 읽을 리가 없겠지요. 부모님 눈에는 그 정도는 읽어야 할 거 같은데 말이죠. 사정이 이렇다 보니 아이들은 점점 손을 놓게 되고 다른 재미있는 것들을 찾아 나서면서 책과 멀어집니다.

학교는 독서를 장려합니다. 그래서 책을 많이 읽는 아이에게 상을 주는 '독서 왕' 행사를 합니다. 자신이 읽은 책의 목록을 적어서 내면 그걸로 심사해요. 동기 부여 차원에서 진행하는 것이겠지만 저는 이런 방법이 정말 효과가 있을지 의문입니다. 부모들은 자기 아이가 독서 왕이 되기를 바라는 마음에 열심히 책을 읽힙니다. 그런데 이런 경험이 정말 아이에게 도움이 될까요?

일단 많이 읽다 보면 자연스레 습관이 들겠지 하고 생각할 수도 있습니다. 그러나 제가 만나본 아이 중에 그런 친구는 없었습니다. 양적인 승부는 질적인 경험을 놓치게 합니다. 질적인 경험이란 책 읽는 즐거움을 느끼는 것을 말합니다. 질적인 경험이 많을수록 아이들은 더 책과 가까워집니다. 많은 부모님은 아이가 책을 많이 읽도록 해야겠다는 욕심을 버리지 못합니다. 저는 고학년 아이를 둔 부모라면 일주일에 두 권 이하로 줄이라고 말씀드립니다.

처음에는 대부분 부모님이 동의합니다. 하지만 얼마 지나지 않아 다시 권수를 늘려요. 부모님들은 도서관에 갈 때마다 아이가 읽어야 할 책이 눈에 띄어서 어쩔 수가 없다고 말씀하십니다. 그럴 때면 저는 부모님께 그 정도 양을 일주일 만에 읽을 수 있을지 몸소 체험해 보시기를 권합니다. 그렇게 많은 책을 읽는 것은 어른이나 아이 모두에게 무리예요.

　욕심을 내려놓는 일이 쉽지는 않습니다. 하지만 양적인 독서보다는 질적인 면에 중심을 두는 독서가 아이들을 자발적 책 읽기로 이끌어준다는 점만큼은 항상 기억했으면 좋겠습니다.

지나친 지식 책 위주의 독서가 문제다

"초등 시절에 갖추어놓은 독서 능력과 글쓰기 능력은 중·고등학교 때 성적 향상에 필수 조건이다." 선배 학부모님들이 많이 하는 조언입니다. 맞는 말입니다. 어려서부터 쌓은 독서력이 공부머리를 키워주니까요. 많은 부모님은 아이들이 중학생이 되면 학업에 바빠서 책을 읽고 토론하고 글 쓰는 시간은 낼 수가 없다고 합니다. 그리고 독서에 투자하는 시간이 아깝다고 생각합니다. 그래서인지 그전에 책을 읽히려고 하고 특히 학습에 도움이 되는 지식 책을 선호합니다.

　아이가 어릴 때는 이런 책도 잘 읽습니다. 다소 불만이 있어도 부모님을 기쁘게 해드리고자 열심히 읽습니다. 하지만 자의식이 강해지는 고학년이 되면 흥미를 급격하게 잃습니다. 더 이상 재미없는 지식 책 읽기에 관심을 두지 않게 되죠.

독서는 이해하고 공감하며 책과 재미나게 노는 과정이어야 합니다. 지식 책 위주의 읽기는 독서도 공부의 연장이라는 인식을 강하게 심어줄 뿐 재미를 주지 않습니다. 간혹 관심 있는 지식 책을 만날 수도 있겠지만 지식 책만으로는 독서의 참 재미를 느끼기 어렵습니다. 골고루 먹은 음식이 건강에 좋듯 이야기책도 함께 접해야 균형 있는 독서력 성장이 이루어집니다.

저는 지식 책만 읽어 온 아이에게는 이야기책을 매주 한 권씩 읽도록 합니다. 책을 재밌게 읽는 것에 목표를 두고 아이가 흥미로워하는 주제를 다룬 동화책을 골라 읽도록 하는 것이 중요하지요. 동화책을 읽으며 아이가 재미를 느끼면 성공입니다.

지금이 적기이니 미루지 말자

부모님들은 초등 고학년 아이들이 중등 과정에 대비해야 하므로 책 읽을 시간이 없다고 생각합니다. 하지만 당장 급하다고 공부만 시킨다면 그건 모래성 쌓기나 다름없습니다. 독서 능력은 곧 학습 능력으로 이어집니다. 초등 저학년 때는 읽기에 문제가 있어도 해결할 시간이 충분하고 아이들도 잘 따라옵니다. 그러나 초등 고학년이 되어 독서에 문제를 보이면 고치려고 해도 더디고 부모님도 이제는 늦었나 싶어 그냥저냥 넘어가기 일쑤입니다. 그러면 아이의 공부 실력은 모래성 허물어지듯 한순간에 훅 떨어지는 시기를 맞이하게 됩니다. 독서 기초 체력을 단단히 하지 않았기 때문입니다.

초등학교 때는 공부를 곧잘 했는데 중학교 때 성적이 떨어지기 시작하더니 고등학교에 가서는 충격적인 점수를 받아왔다는 이야기를 많이 듣습니다. 보통 진짜 공부 실력은 고등학교 때 나온다고 하지요. 그런 만큼 초등 시기 독서 교육은 중요합니다. 그렇다고 해서 이미 늦었다고 생각하지는 마세요. 독서를 양보다는 질로, 지식 책 위주의 한쪽으로 치우친 편독보다는 이야기책을 섞어서 고르게 읽도록 지금부터라도 지도하면 됩니다.

1-3
시간이 없다는 핑계

아이들은 바쁘다

"오늘 책 읽어 왔니?"

"못 읽었어요. 너무 바빠서 시간이 없었어요. 학원 끝나고 집에 들어가면 밤 8시가 넘는데, 숙제까지 하고 자야 해요."

"주말에는? 하루 30분도 내기 어려웠어?"

"주말에도 바빠요. 학원 보강 수업 가고, 엄마랑 마트 가고, 숙제 밀린 거 하고…."

"그러니까 책 읽기는 맨 나중에 하려고 했구나. 그렇지?"

수업 시작 전에 아이들과 거의 매일 하는 대화입니다. 아이는 억울하기도 하고 미안하기도 하다는 듯, 찡그린 표정을 보였다가 고개를 수그립니다. 시간을 낼 수 없는 아이들에겐 책 한 권 읽는 일조차 어려운 겁니다. 아이들은 말합니다.

"영어 학원 선생님께 숙제 좀 줄여달라고 해주세요. 그럼 읽어 올게요."

"수학 학원 선생님께 나머지 공부 좀 시키지 말아 달라고 해주세요. 그럼 읽어 올 수 있어요."

"엄마보고 주말에 어디 좀 가지 말라 해주세요. 그럼 읽어 올 수 있다니까요."

아이들 나름의 해결책입니다. 이럴 땐 웃어야 할지 울어야 할지 모르겠습니다. 그런데 책 읽을 시간이 없다는 말이 그저 아이들이 만들어낸 핑계일까요?

부모님과 아이들의 다른 생각

전국 교직원 노동조합이 발표한 '2022년 어린이 생활과 의견 조사에 따르면 전국의 초등학교 4~6학년 어린이 1,841명 중 사교육 수업을 2개 이상 받는다고 응답한 비율이 65.1%에 달했다고 합니다. 학원 수업 등 모든 일정을 마치고 집으로 돌아가는 시간이 어른들의 퇴근 시간과 비슷한 오후 6시 이후 (57.3%)라고 답한 비율이 절반을 넘었으며, 오후 6~7시 귀가가

24.4%, 오후 7~8시는 16.5%, 오후 8시 이후가 16.4%였습니다. 여기에 하루 1시간 이상 학원 숙제를 한다는 비율이 53%, 2시간 이상이라고 답한 비율도 20.6%였습니다. 이 내용을 보면 아이들이 얼마나 바쁜지 알 수 있습니다.

찬형이는 매번 시간이 없어서 책을 못 읽어 왔다고 말합니다. 한두 번도 아니고 계속 이러면 안 되겠다 싶어 찬형이 어머님께 말씀을 드렸습니다.

"어머님. 가정에서 책 읽을 시간을 좀 만들어주셨으면 합니다."

"시간이 없다니 그럴 리가요. 맨날 놀면서 시간이 없기는 왜 없어요. 읽기 싫으니 핑계를 대는 거죠. 선생님, 책 안 읽어 오면 따끔하게 혼내주세요."

하지만 보통 부모님들은 이해를 못 합니다. 빠릿빠릿하게 하면 시간이 충분할 텐데 게을러서 숙제도 늦고 책도 안 읽는다고 생각합니다. 아이들은 책 읽을 시간이 없다고 하고, 부모님은 시간은 많은데 꾀를 부린다고 하고, 누구 말이 맞는 걸까요?

정말 책 읽을 시간이 없다

아이들은 책 읽을 시간이 정말 없습니다. 그런데 아무리 바빠도 게임할 시간은 있습니다. 동영상 볼 시간도 있습니다. 친구들과 메시지를 주고받으며 농담할 시간도 있습니다. 땀 흘리며 운동장에서 축구할 시간도 있습니다. 친구들과 학교 앞 문구점이나 편의점에서 뭔가를 사 먹으며 이야기할 시간도 있습니다. 침대에 누워 뒹굴 시간도, 가족들과 웃으며 텔레비전 볼 시간도, 엄마와 마트에 장 보러 가서 먹고 싶은 거 살 시간도 있습니다.

이렇듯 남는 시간은 늘 있지요. 그런데 왜 아이들은 책 읽을 시간이 없다는 '핑계'를 대는 걸까요? 아이들은 부모님과 생활이 다릅니다. 노는 시간도 분명히 아이들에게 중요하고 필요해요. '해야 할 일'에 대한 관점이 다르다 보니 부모님은 아이들 시간이 남아돈다고 하시고 아이들은 시간이 없다고 말합니다.

부모님이 책을 읽어주던 영유아기 때는 이런 핑계가 없습니다. 부모님이 어떻게든 시간을 마련해서 책을 읽어주시니까요. 또한 글밥이 적고 그림이 많아서 금세 책 한 권을 읽을 수 있습니다. 그러나 글밥이 많은 책을 스스로 읽어야 하는 시기가 오면 사정이 달라져요. 이제부터는 시간이 없다는 핑계가 생기는 겁니다. 두껍고 글자가 많은 책 읽기는 잠깐의 집중으로는 어려운 일이기 때문입니다.

핑계를 없애야 한다

아이들이 시간이 없다는 핑계를 대지 않게 하려면 어떻게 해야 할까요? 저는 부모 상담을 할 때 규칙적인 책 읽기 시간을 만들어달라고 말씀드립니다. 아이들은 스스로 시간을 만들기가 어렵습니다. 그래서 부족한 시간이 핑계가 되지 않으려면 부모님이 노력하셔야 합니다.

읽기 숙제를 빼먹지 않고 해오는 친구들이 있습니다. 그 친구들의 일과를 보면 책 읽기 시간이 꼭 들어가 있습니다. 매일 영어와 수학 공부 시간을 두듯이 책 읽는 시간도 만들어 두어야 합니다. 다른 일 제쳐두고 책부터 읽는 아이들은 정말 드뭅니다. 계획적인 어른들이 오늘 하루 동안 해야 할 일의 목록(to-do list)을 만들어 체크해 나가듯이 아이들의 일과에 반드시 책 읽기가 포함되도록 하셔야 합니다.

잠자기 바로 전 침대에 누워서, 밥 먹고 나서, 이런 때에 독서 시간을 두어서는 안 됩니다. 아이들이 편하게 쉬는 시간으로 여기기 때문이에요. 하루 10분, 20분이더라도 공부 시간 정하듯이 배치해야 합니다. 그러면 아이들은 본능적으로 책 읽기가 중요하구나, 일과 중 꼭 해야 하는 일이구나 하고 느끼게 됩니다.

아이들이 시간이 없어서, 바빠서 책을 못 읽어 왔다고 할 때가 가장 안타깝습니다. 책 읽기는 영어, 수학 등 교과목보다 느리게 효과가 나타나요. 시간이 흐르면서 천천히 성장할 거예요. 그때까지 부모님은 진득하게 지지하면서 기다려줄 수 있어야 합니다.

재미가 있어야 한다

"책 좀 재밌게 써주면 안 돼요?"

"선생님, 왜 거짓말하셨어요? 이 책 재미있다면서요? 하나도 재미없던데, 선생님은 모든 책이 다 재미있죠? 도대체 재미없는 책이 뭐예요?"

아이의 귀여운 투정입니다.

"재미없다는 걸 보니 다 읽기는 했구나. 기특하다. 나도 재미없는 책 있지. 왜 없겠니?"

"저는 지금까지 선생님이 재미없다고 하는 책을 한 번도 못 봤어요. 매번 재미있다고 하니까 읽기는 하는데 읽으면서 배신감 느껴요. 선생님은 선생님이라서 다 재미있다는 건가

하고요."

"늘 재미있는 것만 읽을 수는 없잖니. '좋은 약은 입에 쓰다'는 속담 몰라?"

아이들은 솔직합니다. 자신이 보기에 재미없는 책을 주면 바로 항의합니다. 여기저기서 볼멘소리가 쏟아집니다. 좀 재밌게 써주면 안 되는 건가요? 작가님이 능력이 안 되나? 진심으로 작가님은 이 책이 재미있다고 생각하고 쓰신 건가? 등등. 아이들은 책을 읽을 때 '재미'를 가장 중요시합니다.

아이마다 재미를 느끼는 지점이 다르다

어떤 아이는 문학 책만 주면 재미없다고 하고, 어떤 아이는 비문학 책을 주면 보기도 전에 싫다고 합니다. 같은 책도 어떤 아이에게는 재미없고 어떤 아이에게는 재미있습니다. 이런 상황이 생기면 서로가 놀랍니다. 어떻게 이 책이 재미있을 수가 있어? 아니 어떻게 재미없을 수가 있는 건데? 그러다가 모두가 재미없다고 의견 일치를 보면 아주 의기양양 난리가 납니다.

"다른 애들도 재미없다고 하잖아요. 저만 그런 거 아니에요."

"맞아요. 이 책 재미있다는 사람은 선생님밖에 없어요."

책을 읽고 났을 때 아이들 반응은 재미없다는 쪽이 더 많습니다. 새로 읽을 책을 받으면 아이들은 일단 글의 양, 글자 크기를 봅니다. 그러다 그림이나 도표가 많고 글이 적으면 기뻐서 환호성을 지릅니다. 아이들은 왜 책이 재미없다고 할까요? 아이들에게 직접 물어봤습니다. 재미없는 이유도 다양합니다.

"나오는 인물이 많고 복잡해요."

"내용이 변화가 없이 지루해요."

"시대 배경이 너무 옛날이라 실감도 안 나고 공감이 안 돼서 재미없어요."

"일단 글자가 심하게 많아요."

특히 일제 강점기처럼 오래전 과거가 배경인 소설을 재미없어합니다. 비문학은 본인의 관심도에 따라 호불호가 확실하게 갈려서 자기 관심 분야가 아니면 무조건 재미없어합니다. 경제·경영 책, 예술 책, 고전·인문 책, 사회·정치 책, 역사 책 등은 재미있다고 하는 친구가 극히 드문 편입니다. 자연과학 책, 기술·공학 책은 그래도 재미있어하는 아이들이 제법 있습니다.

우리 아이는 어떤 분야의 책을 특히나 재미있어하고 재미없어하는지 부모님께서는 알고 있나요? 관심 있는 분야가 있어서 그쪽 책을 재미있게 읽는다면 격려하고 칭찬해주는 것만으로도 충분합니다. 책을 읽을 동기가 있으니까요. 나중에 해당 분야의 전문가가 될지도 모릅니다. 하지만 그 분야의 책만 고집한다면 지도가 필요합니다. 다양한 분야를 골고루 섭렵하여 아이의 지적인 성장이 균형 있게 자라도록 해야 해요.

독서를 흥미롭게 이끌자

'어떻게 하면 아이들이 책을 재미있게 읽을 수 있을까?' 아이들에게 책을 줄 때마다 늘 고민합니다. 이 방법 저 방법을 다양하게 사용해본 뒤 알게 된 좋은 방법 몇 가지를 적어봅니다.

- 아이가 읽을 책에서 재미있어 보이는 부분을 골라 먼저 이야기해주세요. 이야기로 풀어주다가 흥미진진한 부분에서 멈춥니다. 아이는 그 뒤가 궁금해서 더 이야기해달라고 조릅니다. 그러면 그 뒷부분은 못 읽었으니 네가 읽고 나서 엄마한테 말해달라고 합니다.
- 책을 읽기 전에 먼저 작가에 대해 조사합니다. 어떤 사람인지, 이 책을 쓴 의도는 무엇인지, 작고한 작가라면 어떤 생애를 보냈는지, 작가가 살던 시대적 배경은 어땠는지 등을 조사해보면 그 책에 친근감이 생길 거예요. 그러면 작가와 대화하는 느낌으로 읽을 수가 있습니다.

- 시대 배경을 알아보세요. 아이들은 자신이 태어나기도 전인 과거의 일을 잘 모르고 당시 언어나 문화에도 익숙하지 않습니다. 그래서 재미없다고 해요. 책의 시대 배경을 살펴보고 궁금한 점을 알아보도록 해주세요. 배경지식이 넓어지면 책도 재미있어진답니다.

미술이나 음악 관련 책이라면 수록된 작품을 미리 감상해보도록 합니다. 그러면 책 내용이 좀 더 재미있게 느껴집니다. 책에 나오는 미술가나 음악가에 대해 이야기하면서 흥미를 유발할 수도 있어요.

경제 분야 책을 읽어야 할 때는 일상과 경제에 관해 이야기해보세요. 용돈이나 저축 같은 일상적 경제 활동을, 어느 정도 경제 지식이 있는 아이에게는 요즈음 경제 관련 뉴스를 소재로 삼아보세요. 경제가 생활과 밀접하다는 것을 직접 느끼고 나면 책을 더 재미있게 읽을 수 있습니다.

등장인물이 많을 때는 새로운 인물이 나올 때마다 노트에 정리할 수 있도록 도와주세요. 인물들 간의 관계를 정리해가며 읽으면 좀 더 재미있습니다.

과학 책인 경우는 전문 용어가 어려울 수 있으므로 미리 알아보도록 합니다. 그리고 책에 나오는 개념이 우리 생활과 어떻게 이어지는지 찾아보는 식으로 재미있게 접근할 수 있습니다.

철학 책인 경우는 책에 나오는 철학자에 대해 미리 알아보세요. 그러한 철학이 나오게 된 시대 상황 등을 이해하면 좀 더 쉽고 재미있게 읽을 수 있을 것입니다.

결국 이 모든 과정은 책의 배경지식을 미리 습득하자는 것입니다. 이것이 책을 재미있게 읽는 방법입니다. 책마다 특징이 있으니 여기에 따라 흥미를 일으키는 방법도 달라야 합니다. 책을 재미있게 읽는 또 다른 방법으로 '책 놀이'라는 것이 있습니다. 유아들의 경우 많이 활용하는데요. 책 내용을 몸으로 직접 재현하기도 하고, 독후 활동으로 만들기나 그리기 등을 하면서 독서 자체를 즐거운 경험으로 만드는 거예요.

물론 이러한 방식은 초등 4학년 이상의 아이들에게는 적합하지 않습니다. 그보다는 다른 방식으로 책을 '경험'하게 하는 것이 좋아요. 앞서 말씀드린 사전 활동이 그렇습니다. 책의 배경 정보를 알아내고 정리하는 과정에서 스스로 흥미를 느끼고 재미를 찾도록 하는 거예요. 이처럼 '독서 전 활동'을 통해서 아이가 이 책을 읽어야겠다는 마음을 가질 수 있도록 도와주세요. 무조건 읽으라고 강요하는 것보다 훨씬 효과적입니다.

1-5
문해력이 중요하다

"그냥 말로 설명해줘요."

"엄마, 사람들은 왜 굳이 안 읽고 물어보는 걸까? 어디서 생산된 건지, 특징은 뭔지, 맛은 어떤지, 가격은 얼만지, 잘 보이도록 써놨는데 말이야. 심지어 메뉴판에 있는 그 많은 걸 다 읊어달래."

얼마 전부터 카페 아르바이트를 시작한 딸아이의 말입니다.

"읽기가 귀찮은가 보네. 말로 해주느라 힘들겠다."

"본인이 읽고 나서도 다시 설명해달라고 하고, '여기에 자세히 적어두었어요, 보세요.' 하면 '시간이 오래 걸리잖아요. 그냥 말로 해줘요.' 한다니까."

딸아이의 말을 들으며 처음에는 사람을 대하는 아르바이트가 힘들어서 하는 푸념 정도로만 생각했습니다. 그런데 매번 같은 말을 들으며 문득 요즘 자주 접하는 '문해력'이라는 단어가 떠올랐습니다.

문해력이 부족하다

"선생님, 오늘은 책 읽어 왔어요. 그런데 무슨 내용인지 하나도 모르겠어요."

"읽었는데 내용이 기억 안 나요."

요즈음 교실에서 아이들이 많이 하는 말입니다. 이해가 안 된다. 읽어도 무슨 내용인지 모르겠다, 내 생각을 글로 표현하기가 힘들다. 이런 말을 들을 때면 문해력이 부족하다는 말을 떠올립니다. 사전에서 문해력이라는 단어의 뜻을 찾아보면 단순히 '글을 이해하는 능력'으로 나옵니다. 그러나 요즈음 우리는 좀 더 넓은 의미로 이 말을 씁니다. '문해력'이란 글을 읽고 의미를 이해하고 소통하며 개인적, 사회적 문제를 해결해나가는 능력을 말합니다.

2021년 EBS에서 방영한 〈당신의 문해력〉이라는 프로그램이 큰 화제를 일으켰습니다. 방송 내용은 책으로도 나왔는데요. 여기 보면 전국의 중학교 3학년 학생들을 대상으로 한 '문해력 진단 평가' 결과가 나옵니다. 또래 수준에 미달하는 아이들 비율이 27%나 되고 그중 초등학교 수준의 문해력을 가진 아이들 비율도 11%나 되었어요. 많은 사람이 그 결과를 보고는 이렇게까지 문해력이 떨어질 줄은 몰랐다면서 걱정했습니다.

최근 뉴스 기사도 문해력 저하 상황을 여실히 보여줍니다.

"예약 과정 중 불편 끼쳐 드린 점 다시 한번 심심한 사과 말씀 드린다."

2022년 8월 20일에 한 웹툰 작가가 트위터에 올린 공지문입니다. 사인회 예약 과정에서 시스템 오류가 발생했기 때문이에요. 그런데 문제는 전혀 예상치 않은 곳에서 터져 나왔습니다.

바로 공지문에 담긴 '심심한 사과'라는 표현이었어요. 이를 본 몇몇 누리꾼이 항의합니다. 심심하다니, 잘못을 해놓고 심심하다는 게 말이 되느냐는 식이었어요. 여기에 쓰인 '심심하다'는 '마음의 표현 정도가 매우 깊고 간절하다'는 뜻인데 이를 '하는 일이 없어 지루하고 재미가 없다'는 뜻의 동음이의어로 오해한 거예요. 트위터에서 화제가 된 이 사건은 곧 언론에 소개됩니다. 기사는 이를 문해력 저하 현상을 보여주는 사건으로 해석합니다.

요즘 자주 쓰이는 단어가 아니니 문해력 문제는 아니라고 볼 수도 있습니다. 하지만 문해력을 소통 능력을 포함하는 폭넓은 개념으로 이해한다면 이번 사건은 웃어넘길 일이 아닙니다. 실제로 트위터상에서 잘못된 해석으로 인한 소통 장애가 확인되었으니까요.

어휘력이 부족해 단어 뜻을 모른다

중학교 독서 수업을 진행해보면 많은 아이가 지문 속에 나온 단어의 뜻을 물어봅니다. 물어보는 아이들은 그나마 다행입니다. 멍하니 있다가 이 말의 뜻을 아느냐고 물어보면 그제야 모른다고 대답하는 아이도 많습니다.

읽기 자체를 꺼려서 세 줄을 넘어가면 힘들어하는 아이들도 있습니다. 읽어도 이해가 가지 않으니 말로 설명해달라고 합니다. 모르는 단어가 많으니 힘들어하다가 결국 읽기를 포기합니다.

영어를 공부할 때 단어를 외우는 이유는 무엇일까요? 단어 뜻을 모르면 해석을 못 하고 이해를 할 수 없기 때문이지요. 책 읽기도 그렇습니다. 국어는 우리말이니까 영어와 비교하기 어렵다고 생각할 수도 있습니다. 하지만 우리말도 어휘가 부족하면 읽기에 시간이 걸리고 어렵다는 생각이 들면 지쳐서 책을 손에서 놓게 됩니다. 일찌감치 독서로 어휘력을 늘려야 나중에 긴 지문도 수월하게 읽고 이해할 수 있습니다. 저학년 때부터 국어 단어를 익히는 이유가 여기에 있습니다.

문맥의 흐름을 이해하지 못한다

어휘력도 괜찮은데 문해력이 떨어지는 경우가 있습니다. 잘 읽고도 앞뒤 전개를 이해하지 못해요. 한 페이지 정도의 글을 읽고 내용을 말해보라고 하면 힘들어하는 친구가 꼭 있는데요. 독서 지도를 받으러 온 6학년 경민이가 그랬습니다. 숙제를 내주면 늘 읽어 왔다고 합니다. 그러나 내용을 질문하면 하나도 기억이 안 난다고 합니다. 오히려 저에게 물어봅니다.

"선생님, 이거 뭐예요? 뭐 하라는 건데요?"

"선생님, 1번 답 뭐예요? 그냥 알려주시면 안 돼요?"

어휘력이 달려서 그런가 싶어 단어 뜻을 물어보면 어설프게나마 설명합니다. 그러나 긴 지문을 읽고 내용을 말하게 하면 무조건 모른다고 합니다. 왜 그럴까요? 이 친구는 일단 문장이 많은 지문을 보면 긴장합니다. 읽기 자체를 겁내는 것이지요. 문장이 여러 개 이어져 있어 하나씩 이해하며 읽어야 할 때면 겁부터 집어먹고 글자만 후루룩 읽습니다. 그러다 보니 정작 내용 파악이 안 되는 것이지요. 경민이는 초등 6학년이지만 단계를 낮추어 초등 4학년 수준의 책부터 읽고 내용 요약하기를 했습니다. 쉬운 책부터 읽다가 차츰 단계를 올리며 자신감을 얻게 해준 것이지요. 다행히 얼마 지나지 않아 제 학년 수준에 맞는 책도 잘 읽고 내용을 정리하게 되었으며 잘 모른다며 하던 질문도 현저히 줄어들었습니다.

긴 호흡의 글을 읽도록 하자

문해력은 노력하면 좋아질 수 있습니다. 중요한 것은 아이가 읽는 행위에 대한 저항감을 줄이도록 해주는 것입니다. 한 페이지씩 분량을 늘려가며 읽어야 하는데 그 과정에서 인내가 필요합니다. 그리 오래 걸리지 않습니다. 다만 아이가 책을 잘 못 읽는 이유가 문해력 때문인지 빨리 파악해야 합니다. 요즘처럼 짧은 디지털 글에 익숙한 환경에서 긴 글에 대한 문해력을 키우는 길은 독서밖에 없습니다. 교과서와 자습서, 문제집에 실린 긴 글을 읽고 이해하지 못하면 공부를 잘하기 힘듭니다.

꼭 공부 때문만은 아닙니다. 아이들이 긴 글을 읽으며 맥락을 이해하고 사색하는 힘을 가지게 되기를 바랍니다. 독서로 길러지는 사고력은 생각하며 읽는 힘에서 나온다고 생각합니다. 아이들이 친구들과 핸드폰으로 글을 나눌 때 한 번에 써서 보내도 될 내용을 짧게 나누어 여러 번 쓰는 장면을 봅니다. 그렇게 짧은 글에 익숙해지다 보면 글이 많은 교과서를 읽고 문제를 푸는 데 어려움을 느끼기 쉽습니다. 독서를 통해 긴 글을 긴 호흡으로 읽고 이해하는 한편 자기 생각도 그렇게 말과 글로 표현하는 훈련을 꾸준히 하도록 해주셔야 합니다.

책이 싫다는 아이들

'책에 대한 안 좋은 기억'이 문제다

한 어머니께서 아이 손을 힘주어 잡고 들어옵니다.

"싫어, 싫다고, 나 책 읽기 싫어, 책 싫어해."

"언제까지 이럴 거야, 책 안 읽으면 안 된다고 했지?"

아이를 데리고 들어오려는 엄마와 안 들어가겠다고 버티는 아이. 결국 엄마는 죄송하다며 고개를 숙인 후에 다시 아이를 데리고 나갑니다.

"선생님, 아이와 이야기해본 후에 다시 올게요. 초등 5학년이 되니 이젠 정말 억지로 뭘 시키기가 힘드네요."

진땀을 흘리며 나가는 엄마와 인상을 잔뜩 쓴 채 내 얼굴은 쳐다보지도 않으려는 아이를 보며 처음에는 안쓰러운 마음이 올라옵니다. 그러다가 아이는 왜 저렇게 책 읽기가 싫을까, 그동안 무슨 일이 있었던 거지? 궁금해집니다.

"선생님, 저는 책 싫어요. 싫은데 왜 자꾸 읽으라고 하세요? 다른 재미있는 거 하면 안 돼요?"

안 읽었어요, 시간이 없어요, 읽었는데 기억이 안 나요, 무슨 소린지 모르겠어요. 이렇게 말하는 아이들은 그나마 나은 편입니다. 문제는 아예 책 읽기를 포기하는 경우입니다.

저는 아이들이 책을 멀리하는 가장 큰 이유가 일종의 '책 트라우마' 때문이라고 생각합니다. 책이 싫다며 수업에 안 들어오던 민준이가 제게 묻습니다. "이 책 읽고 나면 글을 몇 장 써야 하는데요?" "대답 못 하면 다시 읽고 또 읽는 거 몇 번 해요?" "몇 문제나 물어보실 거예요?" "하루에 몇 권 읽어야 해요?"

제가 무얼 하겠다고 말하기도 전에 이렇게 질문 공세를 하는 데는 이유가 있습니다. 그 마음이 느껴지시죠? 이 아이에게 독서는 힘들고 화나고 짜증 나는 경험이었습니다. 당연히 책이 싫을 수밖에 없지요. 어렸을 때는 억지로 억지로 하다가 나이가 차서 겨우 싫다고 표현한 것입니다. 이런 아이에게 부모님은 어떻게 다가가야 할까요? 책이 싫어진 원인을 어디에서 찾아야 할까요?

여기에는 부모님도 책임이 있습니다. 어쩌면 자녀의 독서 교육에 관심이 없었더라면 더 나았을지도 모릅니다. 최소한 스스로 책을 펼쳐볼 가능성은 있었을 테니까요. 그동안 책을 읽지 않았다고 하더라도 백지에 그림을 그리듯이 이제부터라도 책에 대한 좋은 기억을 만들어나가면 되니까요.

책이라면 고개를 돌리는 아이들이 있습니다. 아예 책에 질려버린 겁니다. 책 수업을 할 때 가장 힘든 경우입니다. 잘못된 방식의 독서 지도를 오래 받아왔기 때문이에요. 싫은 감정을 표현하는 아이는 그나마 개선하기가 쉽습니다. 그저 입을 꾹 다물고 아무런 말도 하지 않고 시큰둥한 얼굴로 앉아있는 아이도 있습니다. 감정 표현조차 없이 온몸으로 싫다고 표현하는 아이를 만날 때면 가슴이 답답해집니다. 정작 자기 속은 얼마나 갑갑할까 싶어 그저 안쓰럽기만 합니다.

부모님은 그 이유를 아실까요? 상담을 해보면 대부분 모르십니다. 어려서는 그렇게 책을 좋아하고 글도 잘 쓰던 아이가 갑자기 변했다고만 합니다. 혹은 사춘기 때문이라고 생각합니다. 조심스럽게 그동안 어떻게 독서 지도를 하셨는지 여쭈어보면 열심히 했다고만 말씀하십니다. 유치원 때까지 많은 책을 읽어주었다고도 합니다. 많이 읽는 것은 좋습니다. 책의 양이 조금 과하다고 해서 아이가 나중에 책을 아예 놓아버리지는 않습니다.

아이를 가장 힘들게 만드는 것은 책을 읽고 나서 받는 '테스트'입니다. 읽은 내용을 잘 기억하는지, 무슨 내용인지 이해는 했는지, 집중은 했는지 등을 따지면서 대답을 요구합니다. 그리고 만족스럽지 않으면 다시 읽게 합니다. 부모 기대에 미칠 때까지 반복적으로 읽히는 것이지요. 그러고 나면 독후감을 쓰게 합니다. 간단한 기록 정도가 아닙니다. 200자 원고지 10장은 기본으로 쓰게 합니다. 아이로서는 벅찰 수밖에 없습니다. 한 번에 몇 권씩 읽는 것도 힘든데 이후 따라오는 과제가 너무 많습니다. 그러니 책에 질릴 수밖에요.

먼저 아이의 마음에 공감하자

이 문제를 해결하려면 우선 아이의 마음에 공감해야 합니다. 아예 수업에 들어오려고도 하지 않던 민준이를 만났을 때 제가 가장 먼저 한 일은 무엇을 힘들어하는지 살펴보고 이를 보듬어준 것입니다. 그동안 받아온 독서 지도가 과했음을 인정하고 책 읽기가 싫어진 마음을 이해한다고 말해주었습니다. 그러자 못 미더운 얼굴로 저를 대하던 아이가 차츰 마음을 여는 것이 느껴졌습니다. 이렇게 공감하는 과정이 있어야 다음 단계로 넘어갈 수가 있습니다. 아이는 자신의 힘든 마음을 이해받기

원합니다. 그 마음이 어루만져졌을 때 아이는 마음을 열기 시작합니다.

정신건강의학과 윤우상 박사가 쓴《엄마의 심리 수업》에 따르면 엄마들은 이제 자녀들을 공부시킬 때 '자발성 코치'로 바꾸어야 한다고 말합니다. 자발성은 모든 생명이 지닌 원초적인 힘이며 생존력입니다. 자발성이 충만할 때 호기심과 열정, 용기와 도전의 모습이 나타납니다. 공부를 지겨워하던 아이도 자발성이 생기면 하루 10시간도 넘게 혼자 공부합니다. 독서도 마찬가지입니다.

그렇다면 어떻게 자발성을 키울 수 있을까요? 전문가들은 하고 싶은 대로 하게 놔두라고 합니다. 의심과 불안을 견디고 아이를 자유롭게 해주라고 합니다. 그동안 자발성 없는 독서 지도를 해왔다면 이제부터라도 방법을 바꾸어야 합니다. 그 시작은 바로 아이 마음을 어루만져주는 것입니다.

아이의 관심사를 찾자

아이의 마음을 어루만져주었다면 그다음으로는 아이의 관심사를 찾으셔야 합니다. 책이 싫다는 아이가 오면 저는 한동안 책을 주지 않습니다. 대신 아이가 무엇에 관심이 있는지 알고

자 대화를 나눕니다. 아이가 대화를 주도하게끔 하면서 관심사를 다루는 책 이야기로 넘어갈 수 있도록 코치하며 기다려줍니다. 책에 대한 안 좋은 기억을 지울 수 없겠지만 책이 자신을 즐겁게 해주는 도구가 될 수 있다고 생각할 수는 있습니다. 이렇게 생각이 바뀌는 과정은 인내를 요구합니다. 특히 아이가 이미 초등 고학년이거나 중학생이라면 그 시간은 더 길어질 수도 있습니다. 그동안 받은 스트레스에 따라서도 달라질 수 있습니다.

분명한 것은 아이를 믿고 자발적으로 독서에 흥미를 느낄 때까지 기다리는 일이 반드시 필요하다는 사실입니다. 강제로 책이 좋아지게 만드는 방법은 세상 어디에도 없습니다. 아이와의 대화, 아이가 가지고 있는 책에 대한 고정관념을 깨고 독서를 즐거운 기억으로 만들어주는 일, 시간이 걸려도 해내야 합니다.

독서에도 슬럼프가 있다

누구에게나 찾아오는 슬럼프

"선생님, 잠깐 시간 좀 내줄 수 있으실까요?"

전화기 너머로 꽉 잠긴 성희 어머님의 목소리가 들립니다. 평소에 독서에 관심이 많아 본인도 열심히 읽고 아이와 도서관도 주기적으로 다니는데 무슨 일이 있으신 걸까요?

"요즈음 우리 성희가 책을 잘 읽어 오나요? 수업 태도는 어떤가요? 뭐 좀 달라진 건 없나요?"

성희 어머님이 질문을 쏟아내십니다.

"예전과 달리 교실에 들어오자마자 '저 책 안 읽어 왔어요'라고 말하는 일이 많아졌어요. 수업 태도가 크게 달라진

건 아니지만 토론할 때 조금 반항적인 태도를 보여 주의 깊게 살펴보는 중이었습니다. 성희에게 무슨 일이 있나요?"

저의 답을 들은 성희 어머니는 깊게 숨을 내쉬며 말씀하셨습니다.

"성희가 요즈음 도통 책에 집중하지 않으려고 해요. 건성건성 읽는 게 보이거든요. 얼마 전에 전국 학생 독후감 대회에 응모했는데 수상을 못 해서 실망한 것 같기는 한데, 혹시 이게 영향이 있을까요?"

어머님의 말을 듣는 순간 '슬럼프'라는 단어가 떠올랐습니다. 성희에게 독서 슬럼프가 찾아온 걸까요? 아이와 대화를 해봐야겠다는 생각이 들었습니다.

간혹 초등 고학년인데 고전 명작이나 수준이 높아 보이는 두꺼운 책도 곧잘 소화하는 친구들이 있습니다. 누가 시켜서가 아니라 정말 자기가 좋아서 읽는 아이들이죠. 그런데 어느 날부터인가 이 아이들이 책을 대충 보기 시작합니다. 그러다가 마침내는 손에서 책을 놓아요. 슬럼프가 찾아온 겁니다.

성공한 사람들의 슬럼프 극복기

'슬럼프'라는 단어를 국어사전에서 찾아보면 "운동경기에서 자신의 실력을 제대로 발휘하지 못하고 부진한 상태가 길게 계속되는 일, 경기가 좋아지지 못하고 제자리에 머물러있는 현상"이라고 나옵니다. 부단한 노력에도 상황이 나아지지 않고 발전이 없으며 제자리에 머물러 있을 때 쓰는 말이에요. 독서에서도 마찬가지입니다. 시간과 노력을 투자하여 열심히 읽었는데도 발전이 없고 변한 게 없다는 생각이 들 때가 있어요. 수업이 끝나고 나눈 대화에서 성희는 이렇게 말을 합니다.

"담임 선생님이 제가 책을 잘 읽는다고 반 아이들 앞에서 칭찬을 자주 해주시거든요. 전국 독후감 대회에도 꼭 나가보라고 응원해주셔서 응모했는데 아무 상도 못 받고 탈락했어요. 담임 선생님과 반 친구들한테 부끄러워요. 책을 많이 읽고 독서 기록도 열심히 하는데 제 실력은 형편없다는 생각이 들어요. 그래서 책 읽기가 싫어졌어요."

성희가 혼자 얼마나 힘들었을지 그 마음고생이 느껴집니다. 저는 아이 손을 꼭 잡고 그 마음을 먼저 공감해줍니다.

"그동안의 노력에 비해 결과가 좋지 않아 실망했구나. 잔뜩 기대했는데 상을 못 받아 서운하기도 하고, 그 마음 충분히 이해돼. 선생님도 그런 적이 있거든."

"선생님도요? 선생님은 독후감도 잘 쓰시잖아요."

아이가 목소리를 높이며 눈을 동그랗게 뜹니다.

"선생님도 책 읽고 글 쓰는 거 좋아하니까 여기저기 대회에 나갔었어. 주위 사람들도 권유했고. 그런데 상 못 받을 때가 많았어. 그럼 좀 창피했지. 하지만 책 잘 읽는다고 항상 글을 잘 쓰는 건 아니잖아? 당장 소득이 없다고 해서 좋아하는 일을 그만두는 건 어리석은 거 같아. 상 못 받으면 어때? 내가 좋으면 되지."

그러고 나서 성희의 손을 잡고 기운 내라는 마음을 전했습니다.

유명한 피겨스케이트 선수인 김연아도 18년간 선수 생활 동안 슬럼프를 겪었습니다. 하루하루 연습이 너무 힘들었다며 좋은 기억은 순간이고 슬럼프는 항상 함께했다고 말합니다. 특히 부상을 당했을 때가 힘들었다는데요. 그러면서 이렇게 말합니다. 슬럼프는 노력한다고 극복이 되는 게 아니다. 어릴 때는 화도 나고 울고 했는데, 이제는 괜찮아질 걸 아니까 언젠가는 지나가겠지 하는 마음으로 내버려 둔다. 슬럼프가 와도 포기하지 말고 꾸준히 매달려야 한다. 그러다 정신을 차리면 어느샌가 슬럼프가 지나가 있다.

한국인 최초의 프리미어리거 박지성 선수도 2002년 한일 월드컵 이후 히딩크 감독이 이끄는 네덜란드 프로 축구팀인 PSV 에인트호번에 간 후 힘든 슬럼프 시기를 보냈다고 합니다. 언어가 달라 소통이 되지 않고 몸 상태도 좋지 않은 데다 성적 부진까지 오자 슬럼프에 빠진 것입니다. 나중에는 자신에게 공이 오지 않았으면 좋겠다는 마음이 들 정도였다고 하는데요. 그는 슬럼프를 극복하기 위해 초심으로 돌아가 사소한 것부터 다시 연습하기 시작했다고 합니다. 작은 성공 하나에도 자신을 스스로 칭찬하며 연습에 몰두하자 서서히 제 기량을 찾았다고 합니다.

믿고 기다리자

아이에게 독서 슬럼프가 왔을 때 이러다 책을 멀리하면 어쩌지 하는 걱정에 다그치지 말아야 합니다. 믿고 기다리되 끈은 잡고 있어야 합니다. 상담하셨던 성희 어머님께서는 성희의 마음을 알고 나자 잔소리를 하지 않으셨습니다. 대신 제게 집에서 무얼 해주어야 할지 물으셨습니다. 평소에 책으로 소통을 잘 해오셨으니 잠자리에서 책을 10분씩 읽어주시라고 말씀드렸습니다. 그리고 읽어주신 후에 어머니 마음을 들려주라고 했습니다. 성희에게는 시간이 필요할 뿐 책 읽기 자체가 싫어진건 아니니까요. 아이를 믿고 기다리면서 함께 극복하겠다는 의지를 행동으로 보여주셨으면 했습니다.

그렇게 한 달 정도 매일 책을 읽어주자 이제는 자기가 읽겠다고 했답니다. 그리고 엄마에게 쪽지 편지를 건넸는데요.

낮 동안 학교 아이들 가르치느라 엄마 목도 아픈데 계속 읽어주어서 감사하다고, 밤마다 엄마와 이야기를 나누니까 마음이 따뜻해지고 좋았다고 합니다. 독서 슬럼프에 빠진 아이에게 잔소리는 오히려 독이 됩니다. 부모님의 인내가 필요한 순간입니다.

독서 슬럼프를 슬기롭게 이겨내지 않으면 영영 책과 멀어질 수도 있습니다. 아이에게 독서는 곧바로 결과물이 나오지 않는 지루하고 힘든 일입니다. 책 읽기가 늘 좋기만 한 건 아니라는 것을 부모님들도 잘 아실 겁니다. 아이들도 마찬가지이니 강요하는 대신 믿고 기다리는 마음으로 응원해주신다면 곧 다시 책을 손에 들게 될 것입니다.

2

디지털 시대의 책 읽기

2-1
'인생 책'을 만나면 생기는 일

나의 어린 시절 이야기

변화하는 시대의 모습을 살펴보기에 앞서 제가 독서에 빠져들게 된 이력을 한번 돌아보려 합니다. 저는 초등학교 3학년 때까지 부모님과 떨어져 외할머니 그리고 20대 초반이던 이모와 함께 살았습니다. 이모는 부모 역할을 해야 한다는 책임감 때문이었는지 제 학교생활이나 성적에 관심이 많았습니다. 늘 예습·복습을 하도록 저를 몰아세우고는 했지요.

그 당시 제가 다니던 초등학교에서는 매달 '받아쓰기 왕', '계산 왕'을 뽑았습니다. 받아쓰기 시험은 단어 몇 개, 짧은 문장 수준이 아니라 긴 문장 여러 개를 두 번 듣고 나서 맞춤법,

띄어쓰기를 틀리지 않게 다 써내는 것이었어요. 초등 저학년 아이로서는 무척 어려운 시험이었습니다. 계산 시험은 주어진 시간 내에 누가 더 많은 계산 문제를 풀어내느냐 하는 것이었지요.

이모는 제가 일등을 해야 한다면서 매일 잠도 줄여가며 공부를 시켰습니다. 덕분에 공부 잘하고 똑똑한 아이라는 말을 들었습니다. 교장 선생님께서 제 이름을 불러줄 만큼 유명한 아이가 되었어요. 그러나 저는 행복하지 않았습니다. 매일 아침마다 수학 문제를 풀게 하고 다 맞혀야 학교를 보내던 이모가 몹시도 밉고 무서웠습니다. 어서 빨리 부모님께 가게 해달라고 밤마다 기도했던 기억이 납니다.

소원은 초등학교 4학년 때 이루어졌습니다. 당시 강원도 묵호의 작은 마을에 있던 저는 부모님이 계시던 울산으로 전학을 갑니다. 제가 어느 정도 커서 동생들 건사하며 함께 생활해도 되겠다는 어머니의 판단 때문이었지요. 어찌나 기쁘던지! 그 해방감을 이루 말로 다 표현할 수가 없었습니다.

시골 작은 학교에서 많은 사랑과 관심을 받던 저는 새로운 학교에서 신고식을 호되게 치렀습니다. 전학 간 다음 날이 공교롭게도 월말고사 시험 날이었지요. 시험지를 받아 보니 이전 학교에서 배웠던 거라 금방 답을 썼습니다. 시험 감독 선생님은 어제 저를 이 학급으로 데려다주신 분이었어요. 이전

학교에서는 늘 선생님들이 말을 걸고 머리를 쓰다듬어주었기에 저는 그 선생님이 너무 반가웠습니다. 나를 알아봐주시기를 바라며 시험지를 덮고 선생님 얼굴만 뚫어지게 쳐다보았어요. '선생님, 제 얼굴 한번 봐주세요. 저 선생님 알아요. 선생님도 저 아시죠?' 하는 주문을 되뇌면서 말이에요. 그때 선생님께서 저를 손가락으로 가리키며 앙칼진 목소리로 말씀하셨습니다.

"전학생, 지금 뭐 하는 거지? 커닝하려고 선생님 눈치를 보는 모양인데 이 학교에서는 있을 수 없는 일이야. 어디서 나쁜 버릇을 배워 와서는 이러는 거야? 모르면 문제를 다시 보고 생각해야지. 남의 것 볼 생각에 선생님 얼굴만 살피다니 너희 담임 선생님께 말씀드려야겠다. 고개 들지 말고 해!"

그때의 충격과 모멸감이 지금도 한가득 올라옵니다. 요즘처럼 선생님께 하고 싶은 말을 서슴없이 하던 시절이 아니었기에 저는 그저 억울함에 눈물만 뚝뚝 흘렸습니다. 한 번도 이런 대접을 받아본 적 없고 오해가 생기리라고는 짐작도 못했던 초등 4학년생에게 엄청난 충격이었습니다.

소공녀를 만나다

어찌어찌 학교생활을 이어가던 어느 날, 강원도에서 이모가 선물을 하나 보내왔습니다. 처음 제 앞으로 온 우편물이었기에 두근거리는 마음으로 열어보았습니다. 무엇일까? 그것은 다름 아닌 책이었습니다. 바로 미국의 소설가 프랜시스 호지슨 버넷이 1888년에 발표한 소설 《소공녀》였어요. 이전까지 특별히 책을 의미 있게 접해본 적이 없었기에 굉장히 기대되는 선물이었습니다. 어찌나 재미있고 감동적이던지 책이 다 닳아서 찢어질 만큼 읽고 또 읽었습니다.

시골 학교에서 인기 학생이었고 집에 오면 할머니의 수발을 받으며 공주처럼 살던 제게 초기 울산 생활은 우울한 날의 연속이었습니다. 부모님이 새벽부터 일을 나가시는 관계로 학교에 다녀오면 집안일을 하고, 동생 둘을 챙겨야 했습니다. 학교 숙제를 끝내고 나면 겨우 자유 시간이 생겼습니다. 그러면 작은 다락방을 아지트로 삼아 《소공녀》를 읽고 또 읽으며 상상의 날개를 펼치곤 했지요.

부자였던 주인공 세라가 가난해지고 주변 사람들에게 업신여김을 당하지만 밝고 당차게 생활하는 모습이 너무나 와닿았습니다. 이야기가 그 당시 제 생활과 겹치면서 위로가 되었던 것이지요. 가난해졌다고 세라를 다르게 대하는 학교 선생님들도 미웠습니다. 전학 온 학교 선생님들이 떠올라 소리 내어 욕하기도 했습니다. 내 안에 쌓인 억울한 마음이 책을 통해 씻겨 내려가는 것 같았어요.

학교생활은 곧 적응했습니다. 오자마자 커닝이나 하려는 전학생으로 비쳐 친구들 보기가 부끄러웠지만 오해가 풀리면서 다시 예전처럼 편안하고 즐거워졌습니다. 마치 제가 힘든 시기를 잘 이겨낸 《소공녀》의 주인공 세라가 된 것 같았습니다.

당시 제게 《소공녀》가 없었다면 어땠을까요? 어디에도 말 못 할 상처를 안고 더 힘들어하지 않았을까요? 이렇듯 책이 사람에게 주는 영향은 너무나도 큽니다. 이모가 어떤 마음으로 그 책을 보내주셨는지는 모르지만 저에게 인생 책을 선물해주신 이모께 다시금 감사를 드립니다.

평생 친구가 된 책 읽기

저의 아버지는 사느라 바빠 자식에게 무슨 책을 사주어야 하는지, 공부를 하고는 있는지 크게 관심이 없으신 분이셨습니다. 그러나 《소공녀》를 열심히 읽는 제 모습을 보고 월급날이면 〈어깨동무〉라는 어린이 잡지를 사 들고 오셨습니다. 술을 한잔 걸치시고 큰소리로 저에게 "책 잘 읽는 우리 큰딸, 아버지가 주는 선물이다." 하시며 종이봉투를 건네셨지요. 제가 초등학교를 졸업할 때까지 아버지는 매달 잡지를 사 오셨고 그 덕에 동생들과 저는 한 달 동안 잡지 구석구석을 읽으며 지냈습니다. 그렇게 익어간 저의 독서력은 중학생이 되어 아서 코난 도일이 쓴 추리 소설 홈스 시리즈로 넘어갔고, 고등학생 때 《제인 에어》로 정점을 달렸습니다. 이후 저에게 책은 평생의 친구로 자리매김하고 있습니다.

성인 독서 수업을 들어가면 수강생들에게 꼭 '인생의 책'을 소개하게 합니다. 기억 속에 묻어둔 그때 그 시절의 감동을 다시금 떠올려 책과 즐거운 동행을 계속하기 위해서입니다. 부모님들이라면 아이들에게도 한번 물어보세요. 지금까지 읽은 것 중에 기억에 남는 책이 있는지, 없다면 지금부터 찾아보자고 하면서 독서를 이끌어주세요.

그리고 부모님의 잊지 못할 독서 경험을 아이에게 들려주세요. 누구에게나 자신에게 큰 영향을 미친 책 한두 권쯤은 있지 않을까요? 우리 아이들 역시 그런 책을 만나게 되기를 소망합니다. 아이들이 독서를 평생 친구로 삼는 삶을 살아가려면 무엇보다 부모님들의 역할이 중요합니다.

독서 혁명이 필요한 시대

4차 산업혁명 시대를 살아갈 아이들

지금까지 인류는 총 세 번의 산업혁명을 겪었습니다. 1차는 18세기 중반 영국을 중심으로 일어났어요. 이 시기 증기 기관 발명은 농업 사회를 공업 중심 사회로 바꾸었습니다. 2차는 19세기 말에서 20세기 초 유럽과 미국에 걸쳐 일어났습니다. 그 중심에는 전기의 발명이 있습니다. 이로 인해 대량 생산과 대량 소비가 가능해졌고 화학과 전기 공업 등 새로운 산업이 발달하게 되었습니다. 3차는 1960년대에 시작됩니다. 컴퓨터와 인터넷의 발달은 정보화와 자동화 시대를 열었습니다. 이처럼 세 번에 걸친 산업혁명은 오늘날의 변화한 모습을 만들어냈습니다.

이제 우리는 4차 산업혁명 시대를 이야기합니다. 4차 산업혁명이란 일반적으로 인공지능(AI), 사물 인터넷(IoT), 로봇 기술, 드론, 자율 주행차, 가상현실(VR) 등 첨단 기술이 주도하는 차세대 산업혁명을 말합니다. 이 용어는 2016년 6월 스위스에서 열린 다보스 포럼에서 의장이었던 클라우스 슈바프가 처음으로 사용하면서 유명해졌습니다. 당시 슈바프 의장은 "이전의 1·2·3차 산업혁명이 전 세계적인 환경을 혁명적으로 바꿔놓은 것처럼 4차 산업혁명이 전 세계 질서를 새롭게 만드는 동인이 될 것"이라고 밝힌 바 있습니다.

2016년 3월에 있은 인공지능 알파고와 이세돌 9단의 바둑 대결을 기억하실 겁니다. 4대 1로 알파고가 승리한 이 사건을 통해 우리는 보다 똑똑해진 인공지능이 우리 생활 전반에 깊숙하게 들어오고 있음을 깨닫게 되었습니다. 그렇다면 인공지능 시대 인간의 삶은 어떻게 달라질까요? 4차 산업혁명의 핵심 단어로 초연결, 초융합, 초지능을 말합니다. 초연결이란 인터넷, 통신 기술 등의 발달을 바탕으로 사람, 데이터, 사물 등을 하나로 연결하는 것을 말합니다. 초융합이란 새로운 기술과 산업의 융합을 말하며, 초지능이란 인간의 지능을 뛰어넘는 기술을 의미합니다.

문제는 4차 산업혁명 시대를 살아갈 주역이 어른이 아닌 아이들이라는 점입니다. 이들에게 무엇을 가르쳐야 할지, 그 어느 때보다 부모님들의 깊은 고민이 요구되는 시점입니다.

미래의 인간에게 필요한 능력

《4차 산업혁명과 인간의 미래》저자이자 한국과학창의재단 과학문화협력단장인 최연구는 미래 사회에는 다양한 관점으로 입체적으로 사고하는 능력을 갖춘 창의적인 융합 인재가 필요하다고 주장합니다. 그러면서 자신만의 전문 역량을 먼저 길러야 한다고 말해요. 인공지능으로 대체하기 어려운 인간 고유의 경쟁력을 갖춘다면 세상이 아무리 변해도 살아남을 인재가 될 거라고 합니다. 전문성을 먼저 길러야 다른 분야와의 융합이 가능하다는 것이지요. 그렇다면 인공지능이 대신하기 어려운 인간 고유의 능력이란 무엇일까요?

2020년 전 세계 저명한 기업인, 경제학자, 정치인 등이 참여하는 세계경제포럼(WEF)은 〈미래의 일자리 보고서〉를 통해 4차 산업혁명 시대의 인재가 갖춰야 할 핵심 역량을 발표합니다.

복합 문제 해결 능력, 비판적 사고, 창의력, 인적 자원 관리 능력, 협업 능력, 감성 지능, 의사 결정 능력, 서비스 지향성,

협상 능력, 인지적 유연성 등 10가지가 그것입니다. 버지니아 대학의 류태호 교수는 논문 〈과학기술 정책 포커스: 코로나 19가 앞당긴 4차 산업혁명 시대의 창의적 미래 인재 양성을 위한 과제〉에서 이러한 능력은 지식 전달 위주의 주입식·암기식 수업 방식으로는 개발하기 어렵다며 이러한 역량은 자아 개념, 성격상의 특성, 동기나 원동력 등의 복합체로 단기간에 습득되는 것이 아니라 오랜 기간 개발해야 한다는 특징이 있다고 말합니다. 즉 어려서부터 꾸준히 만들어나가야 한다는 뜻이에요.

다가올 세상에서는 지금 아이들이 배우는 것들이 쓸모없어질 수도 있다고 말합니다. 대부분의 일자리는 인공지능으로 대체될 것이며 오늘날 유망한 직업들도 미래에는 사라지게 될 것이라고 해요. 아이들을 가르쳐야 할 어른들로서는 당황스럽기만 합니다. 그렇다면 어떻게 대비해야 할까요?

독서가 답이다

미래 인재로 자라날 우리 아이들이 인간 고유의 능력을 키우기 위해 가장 간단하고 쉽게 할 수 있는 방법은 바로 독서입니다. 미래 인재 역량은 어려서부터 오랜 시간을 들여 길러야 하는 것들입니다. 특히 복합 문제 해결 능력과 비판적 사고, 창의력 등은 문제가 닥쳤을 때 이를 극복하는 데 매우 중요한 역량입니다. 독서를 통해 이러한 힘을 기를 수 있습니다. 가정에서 함께 책을 읽고 토론하면서 비판적으로 사고하는 문화를 만들어간다면 아이들의 미래를 크게 걱정하지 않아도 되리라고 생각합니다. "책 속에 길이 있다"는 말이 있습니다. 독서가 우리 아이들을 4차 산업혁명 시대에 꼭 필요한 인재로 자라게 도울 것입니다.

영상과 친한 아이들

정보는 유튜브로 찾는다

궁금한 것이 있을 때 아이들은 유튜브를 검색합니다. 핸드폰만 있으면 다양한 동영상 콘텐츠에 쉽고 빠르게 접근할 수 있습니다. 실제로 KT그룹의 나스미디어가 발표한 '2021 인터넷 이용자 조사' 결과에 따르면 응답자 중 57.4%가 유튜브를 통해 정보 검색을 한다고 답했습니다. 특히 10~20대의 유튜브 활용 비중이 다른 연령대보다 높았습니다. 나스미디어 측은 유튜브가 정보 검색 채널로 자리매김했다고 설명했습니다. 아이들은 영상이 글보다 구체적이고 쉬우며 현장감이 있어서 좋다고 합니다.

동영상으로 보면 편리한 것들이 많습니다. 요리법만 해도 그 과정을 볼 수 있어요. 물건을 조립할 때도 마찬가지입니다. 편리하고 접근성이 좋으니 책이나 신문, 글을 통해 얻던 정보들을 대체합니다. 제 아이도 엄마 생일날이라고 미역국을 끓이고 불고기와 잡채를 해서 한 상 차리는데 요리책이 아니라 영상을 보며 따라 합니다. 그러면 레시피 걱정 없이 어렵지 않게 요리할 수 있어요. 예전에 우리는 엄마에게 전화로 물어보고 요리 중간에 계속 확인하면서 어설프게 요리를 만들곤 했었지요.

틈만 나면 핸드폰을 들여다보는 아이들에게 그 이유를 물어보면 '재밌어요'라는 대답이 돌아옵니다. 그럴 만합니다. 게임이든 동영상이든 화면 속 세상은 화려하고 흥미로워요. 보는 것만으로도 즐겁습니다. 저도 요즘은 수업 계획을 짤 때 동영상 시청을 필수적으로 넣습니다. 아이들이 지루해하거나 집중을 시켜야 할 때 보여줍니다. 그러면 아이들 눈이 반짝입니다. 다만, 너무 길어서는 안 됩니다. 그래서 3분을 넘지 않는 양질의 영상 찾는 데 많은 시간을 할애해요.

충격적인 '책맹' 실태

2020년 EBS가 경북대학교 김혜정 교수 연구팀과 공동으로 '책맹 실태 분석'을 진행했습니다. 여기서 '책맹'이란 책을 읽고 싶어도 못 읽는 상태를 말합니다. 중학교 3학년생 921명을 대상으로 한 결과를 보면, 거의 절반에 가까운 아이들이 책을 '거의 읽지 않는다'라고 답했습니다(48.64%). 시간이 있어도 안 읽는 이유로 34.7%가 '인터넷이나 스마트폰이 훨씬 재미있기 때문'이라고 답했습니다.

연구팀이 그렇게 된 계기를 알아보았더니 41.95%가 '스마트폰 취득 때부터'라고 응답합니다. 스마트폰 하느라 책 읽기와 멀어진 거예요. 아이들은 이미 스마트폰을 통한 정보 접근에 익숙합니다. 굳이 책을 읽으며 시간을 보낼 이유가 없다고 생각해요. 스마트폰만 있으면 지루할 틈이 없으니까요. 그렇게 책을 읽지 않다가 결국엔 못 읽게 되는 것입니다.

영상으로 정보를 접하는 것은 시대의 흐름입니다. 어른들도 그래요. 굳이 책을 읽을 필요성을 못 느낍니다. 아이들은 제게 말합니다. "선생님, 유튜브에 다 나와 있어요. 화면으로 다 보여줘요." 하지만 영상은 글을 대체할 수 없습니다. 책에는 정보를 뛰어넘는 무언가가 있기 때문입니다.

독서가 미래 인재를 키운다

EBS 제작팀은 글자와 영상, 소리 등 세 가지 다른 매체로 정보를 습득할 때 각각 뇌의 활성화 정도를 측정합니다. 오디오북(소리)이나 동영상과 달리 글을 읽을 때 전전두엽이 활성화되는 것을 확인할 수 있었어요. 이는 소리와 영상보다 줄글을 해석할 때 고차원적인 인지 활동이 활발하게 일어난다는 뜻입니다. 독서가 정보 습득은 물론 고차원적인 두뇌 활동을 촉진한다는 거예요.

우리는 아이들이 인재로 자라나기를 소망합니다. 그러려면 깊이 있는 사고와 문제 해결력을 길러줘야 해요. 영상으로는 그럴 수 없습니다. 책을 읽으며 다양한 상황과 인물을 만나면서 상상력과 비판적 사고 능력을 기를 수 있습니다. 요즘은 유튜브의 '쇼츠'처럼 영상 정보가 점점 짧아지고 있습니다. 그런 정보에 익숙해지는 아이들이 많아질수록 깊이 있는 사고는 중요해집니다.

금세 결과가 나오지 않고 오랜 시간을 투자해야 하는 독서에 집중해야 하는 이유도 그렇습니다. 그래야 미래의 인재로 자랄 수 있어요. 무엇이든 "빠르게"를 외치는 시대일수록 긴 호흡을 요구하는 독서를 하면서 사색하고 삶의 가치를 고민하는 경험이 필요합니다. 명작은 오랜 시간이 흘러도 그 가치가 변하지 않듯이 책 속에 담긴 지혜는 읽으면 읽을수록 더 깊게 다가옵니다. 아이들이 독서의 깊이를 음미하면서 미래 인재로서의 역량을 키울 수 있기를 바랍니다.

미래가 어떻게 변할지는 알 수 없습니다. 인공지능과 기계화가 급속도로 확산한다고는 하지만 그건 어디까지나 예측일 뿐이에요. 인류는 이미 1, 2, 3차 산업혁명을 거치며 많은 변화를 경험했습니다. 4차 산업혁명도 그렇습니다. 변화는 있겠지만 우리 삶이 더욱 편리해질 것만큼은 분명해요. 다만 과거에도 그랬듯이 여기에서 소외되는 사람이 생기겠지요.

저는 보다 많은 아이가 미래에도 품격과 자존감을 지키며 고귀한 존재로 살아갈 수 있기를 바랍니다. 창의력과 깊이 있는 사고로 인공지능과 기계를 다스리는 인재로 자라나기를 소망합니다. 그러려면 교육이 바뀌어야 합니다. 기성세대를 키운 주입식, 암기식 교육은 이제 시효를 다했습니다. 아이들이 주도하고 능동적으로 참여하는 교육이 미래를 바꿀 것입니다. 그리고 그 중심에는 책이 있을 거예요.

창의력을 키우는 독서

미래의 인재상은 창의 융합형이다

미래 인재는 '창의 융합 능력'을 갖춰야 한다고 합니다. 무슨 뜻일까요? 성균관대학교 조준동 교수가 쓴《창의 융합 프로젝트 아이디어북》에 의하면 창의 융합은 "새롭고 독창적인 아이디어나 물품을 발명해내는 걸 넘어서, 여러 분야를 결합하고 통합하여 새로운 분야를 창출"하는 것을 말합니다. 대표적 사례가 바로 인스타그램입니다. 이 앱을 개발한 미국의 프로그래머 케빈 시스트롬은 대학에서 경영 과학 및 공학을 전공했으며, 공동 개발자인 마이크 크리거는 인지과학, 인공지능, 휴먼 컴퓨터 인터페이스를 전공했다고 합니다. 서로 다른 두 분야의 전문가가 협력하여 창의적인 아이디어를 도출해낸 점이 이 회사의 성공 비결이라고 합니다.

'창의성'은 어디에서 오는 걸까요? 아직 과학적으로 밝혀진 바는 없습니다. 다만 사람이 창의적인 생각을 할 때 뇌의 여러 영역이 활성화된다는 사실만이 알려져 있을 뿐이에요. 인간 두뇌의 많은 부분을 동시에 사용함으로써, 즉 융합을 통해 창의적 사고가 이루어진다고 볼 수 있습니다.

최고점 논술 답안의 비결

우리나라 대학입시에서 논술이 중요했던 때가 있었습니다. 이때 한 신문 기사에서 논술 평가에 대해 다룬 적이 있어요. 서울대학교 모의 논술 고사에서 최고점을 받은 답안과 최저점을 받은 답안을 비교하고 그 차이를 살펴보는 것이었습니다. 핵심은 '창의성'이었습니다.

문제는 2개의 제시문에서 시작합니다. 하나는 기계의 발달이 시장 체계를 발전시켰다는 사실을 서술합니다. 다른 하나는 철도 부설이 시간과 공간의 의미를 변화시킨 점을 이야기해요. 문제는 이 두 제시문의 논지를 근거로 산업혁명 이후 기계의 발전이 사회적 관계와 문화적 양식을 어떻게 변화시켜 왔으며 이러한 변화가 지니는 의미가 무엇인지를 논술하라는 것이었습니다.

최고점을 받은 답안은 '원숭이 꽃신'이라는 우화로 시작합니다. 원숭이는 맨발로 나무를 타고 과일을 따 먹으며 풍족하게 살았습니다. 이때 과일을 탐낸 오소리가 원숭이에게 꽃신을 선물합니다. 한번 꽃신을 신기 시작한 원숭이는 이후로 맨발로는 다닐 수가 없게 됩니다. 결국 과일을 따다 바치고 그 대가로 오소리에게 꽃신을 받게 된다는 내용입니다. 답안은 놀랍게도 이를 통해 인간과 기계 문명과의 관계를 서술합니다. 과학과 공업의 발달이 인류에게 물질적 풍요를 가져다주었지만 한편으로 거기에 종속되었다는 주장을 우화 속 원숭이에 빗대어 한 거예요.

본론에서는 카프카의 단편소설 〈변신〉이 등장합니다. 소설에서 성실한 가장이었던 주인공은 어느 날 벌레로 변합니다. 그러고는 가족과 회사로부터 철저히 외면당해요. 이를 통해 노동으로부터 소외된 산업 사회의 이면을 보여줍니다. 이어서 헤르만 헤세의 《데미안》이 등장합니다. 독실한 기독교 가정에서 화목하게 자란 주인공 싱클레어를 존재 양식적 삶을 대변하는 인물로, 싱클레어의 거짓말을 빌미로 협박하여 돈을 갈취하는 크로머는 소유 양식적 삶을 대변하는 인물로 서술해요. 자신이 읽은 책 내용을 잘 풀어서 논제의 근거로 사용하는 방식이 무척 창의적으로 느껴져 감탄사가 절로 나왔습니다.

최저점을 받은 답안은 어땠을까요? 전반적으로 교과서적인 내용을 평이하게 기술한 논술문이었습니다. 두 답안 모두 서울대에 지원할 만큼 상위권 학생이 작성했음에도 내용은 큰 차이가 있었어요.

이 기사를 읽고 난 후 제가 아이들에게 했던 당부가 떠올랐습니다. 친구랑 얘기할 때 자기가 읽은 책을 적극적으로 활용하라고 했었거든요. 독서 경험은 풍부하고 창의적인 대화로 이끕니다. 또한 앞서 논술 답안에서도 확인했듯이 책을 통한 간접 경험을 근거로 한 설득이야말로 독창성과 창의력을 발휘하는 최고의 방법입니다.

창의성은 상상력에서 온다

창의적인 사람은 문제를 찾아내고 이를 해결하기 위해 다양한 상상을 합니다. 독창적인 아이디어를 실현하려고 적극적으로 노력해요. 창의성은 상상력, 독창성, 민감성, 유창성, 문제 해결력, 사건의 재구성 등의 요소로 구성되어 있습니다. 창의성은 상상력을 바탕으로 합니다. 여기에는 경험이 중요해요. 아인슈

타인은 "지식보다 중요한 것은 상상력"이라고 했어요. 미국의 철학자이자 교육학자였던 존 듀이는 "상상력이란 현재에 나타나지 않는 것을 예측할 수 있는 미래 지향적인 시각이며 이러한 상상력이 없는 교육은 단지 과거 사실의 답습일 뿐이다"라고 했습니다. 이들의 말은 우리 사회 곳곳에서 확인할 수 있어요.

문학을 비롯한 모든 예술은 상상력의 산물입니다. 과학도 무에서 유를 만들거나 유에서 유를 만들어낸다는 점에서 상상력의 산물입니다. 창의성의 바탕인 상상력은 경험에서 길러집니다. 그러나 여기에는 한계가 있어요. 독서는 그 한계를 뛰어넘게 해줍니다. 독서는 창의성을 기르기에 훌륭한 도구로서 다양한 경험을 제공합니다. 또한 독서는 생각하는 힘을 키워줍니다.

예전 어느 학부모 특강에서 "책을 많이 읽고 다른 사람 생각을 많이 들으면 자기만의 독창적인 생각을 키울 수 없는 거 아닌가요?" 하는 질문을 받은 적이 있습니다. 창의성이 전적으로 백지상태에서 나온다는 생각에서 나온 질문입니다. 창의성은 완전한 무(無)에서 생기지 않습니다. 현재 있는 지식과 새로운 지식이 만나 서로 융합하면서 수많은 아이디어가 떠오르고 그 과정에서 자연스럽게 길러집니다.

세상을 바꾼 많은 천재는 항상 책을 가까이했다고 합니다. 책을 통해 지식을 쌓고 세상을 살피고 지식과 지식을 연결하여 새로운 것을 생각해냈던 것입니다. 다양한 책을 읽으며 간접 경험을 통해 세상을 보는 눈과 지혜를 키울 수 있습니다. 책 속 이야기를 상상하며 수많은 생각이 쌓이고 자신을 돌아보는 과정에서 창의성은 자라납니다. 아이들이 자기만의 전문성으로 세상을 이롭게 하는 창의 융합형 인재로 자라기를 바란다면 아이에게 책을 주세요. 앞으로 필요 없어질 암기 주입식 공부에 매달릴 시간에 책을 보고 사색하며 자신을 돌아보는 시간을 가지게 해주세요.

2-5
공감, 감성을 키우는 독서

문학 책을 읽자

〈응답하라 1988〉이라는 TV 드라마가 유행한 적이 있습니다. 서울 도봉구 쌍문동 골목에 사는 다섯 가족의 이야기를 따뜻한 감성으로 풀어낸 드라마로 한동안 푹 빠져 지냈던 기억이 나는데요. 요즘은 보기 드문 풍경과 이웃들과 정겨운 소통이 마냥 부러워서 보고 나면 저절로 얼굴에 미소가 지어졌어요. 그만큼 사람 사이의 정이 그리운 시대를 살고 있어서일까요? 기계가 사람을 대신하고 모두가 앞을 향해 열심히 달려갈수록 사회는 따뜻한 인간의 정에 목말라합니다.

얼마 전 20대인 딸아이가 제게 예전에 쓰던 카메라가 있느냐고 물어서 의아했습니다. 사진 잘 찍히는 최신 휴대폰을 가지고 있는데 왜 카메라가 필요한지 물었더니 카메라만의 감성이 있다고 합니다. 얼마 지나 이번에는 구석에 진열해놓은 레코드판을 들고 오더니 플레이어는 어디 있냐고 물어봅니다. 휴대폰으로 늘 음악을 달고 살면서 왜 찾느냐고 물으니 같은 대답이 돌아옵니다. 디지털 기기와는 다른 감성이 느껴진다고 합니다.

아이들과 읽었던 레프 니콜라예비치 톨스토이의 《사람은 무엇으로 사는가》에서 작가가 던졌던 세 가지 질문이 떠오릅니다. "사람 안에 무엇이 있는가, 사람에게 무엇이 주어지지 않았는가, 사람은 무엇으로 사는가?" 이 세 가지 질문의 답은 책에 고스란히 나와 있습니다. "사람 안에 있는 것은 하느님의 사랑이며, 사람에게 주어지지 않은 것은 자신의 미래를 보는 지혜이며, 사람은 사랑으로 살아간다"는 것입니다.

여기에 대해 중학교 1학년 아이들과 열띤 토론을 하며 생각을 나눈 적이 있습니다. 사람이 살아가는 건 서로 안에 사랑이 있기 때문이며 힘든 사람에게는 사랑을 베풀어야 한다는 이야기를 나누는 중이었습니다. 한 아이가 반론을 제기했습니다.

"사람을 사랑으로 대하면 안 된다고 생각해요."

왜 그렇게 생각하느냐고 물으니 이렇게 답합니다.

"사랑으로 대해주면 사람은 나약해지고 도움받는 게 당연한 줄 알기 때문이에요. 가난한 사람들은 본인이 게으르고 능력이 부족해서 그런 삶을 살고 있는 거예요. 그래서 사랑으로 대해주면 안 돼요."

순간 저는 당황스러웠습니다. 어떻게 말해주어야 할지 고민하는 찰나 그럴 필요가 없게 되었습니다. 곧바로 다른 아이가 응대했기 때문입니다.

"사람마다 출발선이 다르다는 것은 어떻게 생각하나요?"

"출발선이요?"

"사람마다 타고난 능력이 다르고 능력을 발휘할 환경이 주어지지 않은 사람은 힘들게 살 수밖에 없습니다. 그래서 인간은 서로 도우며 살아가야 한다고 생각합니다. 다들 자기만 잘살면 그만이라고 생각하는 사회는 어떤 모습일까요?"

서로의 생각을 존중하며 예의를 갖춰 말하는 아이들과의 토론은 내내 흥미로웠습니다. 한 번의 책 읽기와 토론으로 아이들이 달라지지는 않습니다. 그러나 이런 시간이 쌓여 한 아이의 가치관을 만듭니다. 사람을 사랑으로 대할 필요가 없다고 말하던 아이도 꾸준한 책 읽기와 토론으로 생각이 바뀌고 세상을 보는 눈이 넓어질 것입니다.

소설을 통해 사람 사이의 사랑과 가난한 이웃에 대한 연민에 대해 깊이 있는 이야기를 나눌 수 있습니다. 이것이 바로 문학의 힘이라고 생각합니다. 소설 속 등장인물의 행동과 말을 통해 작가가 던지는 메시지를 생각해보며 자신에 대한 성찰과 타인에 대한 이해를 경험하게 되는 것입니다.

리더가 갖추어야 할 조건, 공감력

아이들끼리 나누는 대화에 귀를 기울여 보면 가끔 공감력이 낮은 아이가 눈에 띕니다. 걱정거리를 털어놓던 아이가 친구로부터 공감받지 못하자 얼굴을 붉히며 버럭 짜증을 냅니다.

한 아이가 말합니다.

"조금 이따가 수학 학원 가야 하는데 숙제를 못 해서 큰일이야. 어젯밤에 숙제하려다가 피곤해서 일찍 잠들었거든. 우리 수학 선생님 무서운데…. 숙제 안 해오면 나머지 공부를 해야 하는데 싫다."

이럴 때 공감 능력이 낮은 아이는 이렇게 답해요.

"숙제를 왜 못 하니? 수학이야 눈 감고도 하지. 네가 수학을 못하니까 숙제를 미루다가 그렇게 된 거지. 오늘 고생 좀 하겠구나. 안됐다. 나는 수학 숙제는 절대 빼먹지 않아. 수학은 재미있거든."

"누가 너 자랑질하는 거 듣고 싶다 했니? 수학 잘해서 좋겠다. 계속 잘해라."

이 대화에서 친구의 걱정에 어떻게 대했으면 좋았을까요?

"숙제를 못 한 채로 수학 학원 갈 생각에 걱정되겠구나. 나머지 공부하느라 집에 늦게 갈까 봐 더 그런 거지?"

이렇게 먼저 공감하는 말을 했으면 두 사람은 기분 좋게 이야기를 이어나갈 수 있었을 거예요. 공감력이란 상대방 입장에서 생각해보는 능력을 말합니다. 타인의 고통을 이해하고 상대방이 원하는 것이 무엇인지, 감정 상태는 어떤지를 제대로 아는 것입니다. 공감력이 높은 사람은 다른 사람의 말에 귀를 기울이며, 호기심이 많고, 서로의 생각을 나누는 것을 좋아하며, 말이 타인을 해칠 수 있는 무기가 된다는 사실을 인지하며, 사람은 다 다르다는 것을 이해합니다. 그래서 많은 전문가가 공감력을 미래 사회의 리더가 꼭 갖추어야 할 능력으로 꼽아요.

공감력이 높은 아이로 키우는 방법의 하나가 바로 문학 책 읽기입니다. 독일의 신경 과학자이자 의사인 요아힘 바우어는 자신이 쓴 《공감하는 유전자》에서 책 읽기를 권합니다. 그럼으로써 공감의 주요 요소인 사회적 상상력을 자극하고 키우는 데 도움이 된다고 해요.

아이들은 문학 책을 통해 세상을 살아가는 이치를 배웁니다. 타인과 소통하는 법을 배우고 삶의 태도에 대해 생각하게 되는 것이죠. 그래야 타인의 고통에 함께 아파하는 온기를 지 닌 사람으로 성장할 수 있습니다. 타인의 고통에 무심하고 공 감할 수 없다면 기계와 다를 바가 없겠지요. 편리한 디지털 세상에서 아날로그 카메라와 레코드플레이어를 찾던 제 딸아 이처럼 우리는 모두 사람만이 줄 수 있는 감성, 공감의 힘을 필요로 하는 게 아닐까요?

2-6
디지털 리터러시를 길러라

디지털 문해력이 낮은 아이들

최근 들어 이 디지털 문해력이 주목받고 있습니다. 디지털 문해력 또는 디지털 리터러시(digital literacy)는 정확한 정보를 찾아서 판단하고 가공하는 능력을 말합니다.

예전에는 정보를 얻으려면 어른들에게 묻거나 책, 신문 등을 읽어야 했습니다. 여기서 얻는 정보는 적어도 한 번 이상씩은 걸러서 만들어진 정제된 정보였습니다. 그러나 요즘은 디지털 기술의 발전으로 정보를 얻을 수 있는 창구가 다양하고, 정보의 양도 헤아릴 수 없을 만큼 많아졌습니다. 그만큼 질적으로 완성된 정보를 선별하기가 어려워졌어요. 올바른 정보를 선별하고 수용하는 디지털 문해력이 필수인 시대가 된 것입니다.

2021년 5월 OECD가 발표한 '국제 학업 성취도 평가(PISA) 21세기 독자: 디지털 세상에서의 문해력 개발'이라는 제목의 보고서에 따르면 한국의 만 15세 학생들은 사기성 전자 우편(피싱 메일)을 식별하는 역량 평가에서 세계적으로 가장 낮은 수준을 기록했다고 합니다. 사실과 의견을 식별하는 능력도 25.6%로 OECD 회원국 평균인 47%를 한참 밑돌았습니다.

이 결과를 보면서 제가 만나는 아이들을 떠올렸습니다. 대화를 듣다 보면 자기가 유튜브에서 본 걸 마치 사실인 것처럼 말하는 친구가 있습니다. 한때 지구 종말이 왔다고 떠드는 유튜브 영상이 유행하면서 난리가 났던 적이 있습니다. 확인해 보니 이런저런 내용을 억지로 짜깁기한 영상이었습니다. 아이들이 이걸 마치 진실인 양 받아들이고는 혼란스러워했던 거예요.

코로나19로 모두가 힘들 때도 이런 가짜 정보가 넘쳐났습니다. 많은 사람이 여기에 현혹됐지요. 아이들은 코로나에 안 걸리려면 구충제를 먹어야 한다, 우유를 마셔야 한다, 백신 맞으면 외려 코로나에 더 잘 걸린다, 같은 확인되지 않은 정보를 퍼 나르느라 바빴습니다. 제가 출처를 지적하며 사실이 아니라고 해도 막무가내였어요. 지금의 아이들은 영유아 시절부터 디지털 기기를 접해온 세대입니다. 모바일 기기를 자유롭게 활용하고, 온라인상 활동을 자연스럽게 여깁니다. 우리나라는 전 세계에서 손꼽히는 IT 강국이기도 합니다. 이런 상황에서 낮은 디지털 문해력을 보여주는 조사 결과를 어떻게 받아들여야 할까요?

디지털 문해력이 국가 경쟁력이다

우리나라 아이들은 디지털 기기는 가까이 두고 즐겨 사용하지만 그것을 잘 활용하는 능력이 부족합니다. 디지털 정보를 이해하고, 선택하고, 편집과 가공을 통해 새로운 지식으로 창출하는 통합적 능력인 '디지털 문해력'이 필요해요. 읽고 이해하는 능력, 제대로 된 정보인지 판단하는 능력, 필요한 정보를 골라내고 조합하여 가공하는 능력, 새로운 아이디어를 창출해내는 능력 등은 휴대폰에서 나오지 않아요. 어려서부터 꾸준한 독서로 길러주어야 합니다.

디지털 문해력은 이제 개인의 능력을 넘어 국가 경쟁력으로 주목받고 있어요. 미국, 영국, 중국 등 많은 나라가 강화 정책을 개발하고 추진하고 있어요. 우리나라 교육부도 지속적인 연구와 토론을 통해 디지털 문해력 향상을 위한 정책을 만들 계획이에요.

올바른 대응법을 알려주자

디지털 문해력 교육은 어디에 중점을 두어야 할까요? 우선 디지털 세상에서 일어나는 각종 폭력과 악성 댓글들, 개인 정보 유출로 인한 피해와 잘못된 정보 등 부작용을 알아야 합니다. 그런 다음 문제점을 인식하고 오염되지 않은 올바른 정보를 찾아낼 힘을 길러야 해요.

일례로 온라인상 성범죄가 늘고 있습니다. 2021년만 해도 사이버 성폭력 범죄율은 2019년 대비 61%나 증가했다고 해요. 청소년 피해도 4배 가까이 증가했습니다. 대응 능력이 미숙한 아이들은 특히 이러한 범죄에 노출되기가 쉽습니다. 왜곡된 온라인상의 모습만 보고 경계심을 느슨하게 하기 때문이라고 합니다. 이런 상황에서 디지털 문해력 교육의 중요성은 아무리 강조해도 지나치지 않습니다.

디지털 세상에서 우리 아이들이 상처받지 않고 즐겁게 살아갈 수 있도록 만들어줘야 합니다. 각종 정책과 규제도 필요하지만 방어력도 길러주어야 해요. 디지털 세상에서 건강하게 살아갈 힘을 키워주는 것이 바로 독서임을 우리는 알고 있습니다. 앞으로 더욱 발전해나갈 디지털 세상을 두려워하기보다는 아이들에게 책을 가까이하게 해주세요.

모든 현상에는 양면성이 있습니다. 좋은 면은 잘 활용하여 더 유용하도록 만들고 나쁜 면은 잘 살펴서 위험을 미리 막아야 합니다. 어른들은 상대적으로 디지털 세상에 덜 익숙합니다. 그러니 좀 더 신경 써야 해요. 아이들에게 건강하게 소통하고 올바른 정보를 찾을 힘을 길러주어야 합니다. 다음은 국제도서관연맹에서 제시한 '가짜 뉴스 판별법'입니다. 도움이 되었으면 해요.

〔1〕 **출처 확인하기** 해당 뉴스 사이트의 목적이나 연락처 등을 확인한다.

〔2〕 **본문 읽어보기** 제목은 관심을 끌기 위해서 선정적일 수 있는 만큼 전체 내용을 꼼꼼하게 확인한다.

〔3〕 **작성자 확인하기** 작성자가 실존 인물인지, 어떤 이력을 가졌는지 등을 확인해 믿을 만한지 판별한다.

〔4〕 **근거 확인하기** 관련 정보가 뉴스를 실제로 뒷받침하는지 확인한다.

〔5〕 **날짜 확인하기** 오래된 뉴스를 재탕 또는 가공한 것은 아닌지 확인한다.

〔6〕 **풍자 여부 확인하기** 뉴스가 너무 이상하다면 풍자 글일 수 있다.

〔7〕 **선입견 점검하기** 자신의 믿음이 판단에 영향을 미치지 않았는지 확인한다.

〔8〕 **전문가에게 문의하기** 해당 분야 관련자나 팩트 체크 사이트 등에서 사실을 확인한다.

2-7

독서가 뇌를 바꾼다

과학이 증명하는 독서의 힘

"인류는 책을 읽도록 태어나지 않았다. 독서는 뇌가 새로운 것을 배워 스스로를 재편성하는 과정에서 탄생한 인류의 기적적 발명이다."

인지신경 과학자이자 아동 발달 연구자인 매리언 울프 교수가 자신의 책《책 읽는 뇌》에서 한 말입니다. 인류 진화 과정을 보면 우리 유전자에 책 읽는 능력이 새겨져 있지 않다는 것을 알 수 있습니다. 지구상에 호모사피엔스가 나타난 것은 약 20만 년 전이며 문자가 발명된 것은 겨우 8,000년 전입니다. 인간은 대부분 시간을 문자 없이 살아온 것입니다.

문자 발명 이후 인류는 많은 시간과 노력을 들여 책 읽는 능력을 길렀습니다. 문자가 문명을 일으키는 데 중요한 요소라는 것을 깨달았기 때문입니다. 매리언 울프 교수는 인간은 책 읽기를 통해 골고루 뇌를 발달시킨다고 합니다. 시각 정보를 처리하는 후두엽, 언어 이해에 필수적인 측두엽(특히 좌뇌 쪽), 기억력, 사고력 등 고등 행동을 관장하는 전두엽이 상호 작용하기 때문입니다. 우리 뇌는 원래 서로 다른 일을 하도록 설계되었는데 읽기가 이를 통합하면서 머리가 좋아졌다는 것입니다. 그래서 독서는 언어뿐만 아니라 과학, 수학 등 다양한 과목에서 성취를 이루는 데 도움을 준다고 합니다.

글의 맥락을 이해하려면 기존 지식을 충분히 활용해야 합니다. 이때의 상호 작용이 시너지 효과로 이어진다고 해요. 뇌 과학 측면에서 독서는 그 자체로 융합이자 통합입니다. 뇌의 여러 영역을 동시다발적으로 활성화하면서 사람을 똑똑하게 해줍니다. 그러니 독서란 종합적인 '뇌 운동'이라고 할 수 있어요.

뇌는 우리 몸 근육처럼 쓰면 쓸수록 더 좋아진다고 합니다. 우리가 머릿속으로 상상하는 것도 뇌 운동이 됩니다. 책 속에서 캐릭터의 움직임을 묘사하는 글을 읽을 때 우리 뇌는 이를 실제 상황으로 인식한다고 해요. 즉 책 읽기라는 간접 경험이 우리 뇌에 유의미한 정보로 축적되는 거예요.

인간의 뇌는 변화에 잘 적응하게 설계되어 있습니다. 이것을 뇌의 '가소성'이라고 합니다. 우리 뇌는 자주 사용하는 부분을 계발하고 그러지 않는 부분은 퇴화시킵니다. 이를 반복하다 보면 어떤 특정 분야에서 최고의 능력을 발휘하는 사람이 될 수 있겠지요. 뇌의 가소성은 또한 특정 영역이 손실되었을 때 다른 영역에서 이를 보완해주는 결과로 나타나기도 합니다. 사고를 당한 사람이 꾸준한 재활훈련으로 기능을 회복하는 경우가 그래요.

마찬가지로 독서로 뇌를 똑똑하게 만들 수도 있고 본래 그렇듯이 파편화되고 산만한 채로 둘 수도 있어요. 책을 잘 읽던 사람의 뇌도 짧은 글이나, 영상, 게임 등만 즐기고 책을 멀리하면 거기에 맞춰 제 모습이 바뀌게 된다고 합니다. 원래대로 돌아가려면 시간이 걸려요. 집중이 잘 안 되고, 잠이 쏟아지고, 읽어도 곧바로 이해가 되지 않는 현상을 겪게 됩니다. 책을 읽다 말다 하지 않고 꾸준히 읽어야 하는 이유가 여기에도 있습니다.

영유아기 때는 부모님들이 읽어주는 책을 접하다가 나이가 들면서 영상 매체나 디지털화된 파편화된 글 읽기에 빠지면 처음의 산만한 상태로 돌아가게 되는 거예요. 한때 독서로 사고력과 집중력을 길렀다가 정작 학습이 중요한 시기에 책에서 멀어지면서 '초기화'되는 것입니다.

대입 수능 점수를 잘 받은 아이들은 공통으로 어려서부터 쭉 책을 즐겨 읽었다고 합니다. 뇌가 학습에 유리하도록 맞춰진 겁니다. 이처럼 뇌 과학은 독서가 얼마나 중요한지, 학업 성취에 어떤 역할을 하는지 잘 설명해줍니다.

성공한 사람들의 공통점

자기 분야에서 뛰어난 성취를 보인 사람 대부분은 독서광입니다. 마이크로소프트사의 창업자인 빌 게이츠는 초등학생 때부터 못 말리는 독서광이었습니다. 열 살이 되기 전에 백과사전을 처음부터 끝까지 읽어버릴 정도였어요. 그는 "오늘의 나를 있게 한 것은 학교가 아니라 동네 도서관이었다"고 말합니다. 그는 아무리 바빠도 독서는 절대로 빼먹지 않았습니다. 일주일에 한 권 이상 매년 약 50권 정도의 책을 읽는다고 해요. 관심 분야도 다양해서 거의 모든 분야의 책을 읽습니다.

그동안 많은 책을 읽었기에 낯선 분야의 책도 소화할 능력이 생긴 것입니다. 소셜미디어 페이스북의 창업자인 마크 저커버그도 예외는 아닙니다. 그는 독서를 통해 다른 분야를 깊이 탐구하고 배울 수 있었다고 해요. 자신이 디지털 사업을 하면서도 '미디어 다이어트'를 하고 책을 많이 읽겠다고 공공연하게 말합니다. 전기 차 테슬라로 유명한 일론 머스크도 그렇습니다. 그는 특히 공상과학 소설이나 과학 책을 미친 듯이 읽어댄다고 합니다. 이미 아홉 살 무렵에 백과사전을 통독한 아이였다니 어려서부터 '책 읽는 뇌'가 만들어진 셈이에요.

동양에서도 비슷한 예를 찾을 수 있습니다. 고대 중국을 배경으로 한 소설《삼국지》에 등장하는 실존 인물 조조도 독서광이었습니다. 전쟁터를 누비면서도 책을 손에서 놓지 않았는데 특히 손무의 병법서《손자병법》을 자기식대로 요약 정리해 장수들을 교육했다고 합니다.

책을 읽는다고 모두가 성공하는 것은 아닙니다. 꼭 남다른 성과를 내려고 책을 읽는 것도 아니고요. 하지만 성공한 사람들이 매일 책을 읽었다는 사실은 독서 교육의 중요성을 일깨워주기에 부족함이 없습니다.

초연결 시대에 책은 느린 매체임이 분명합니다. 유튜브나 SNS에는 지금도 빠르고 쉽게 접근할 수 있는 정보들이 넘쳐납니다. 하지만 역설적으로 사회가 디지털화될수록 독서는 그 필요성이 더욱 커집니다. 독서는 우리의 뇌를 똑똑하게 만들어요. 중요한 것은 지치지 않고 꾸준히 읽는 것입니다. 지속적인 독서는 우리 뇌에 꼭 필요한 영양제나 다름없습니다.

책은 느리게 읽어야 참맛

무엇이든 빠르게 흘러가는 시대

산업혁명 이후 우리 사회는 끊임없이 "빨리빨리!"를 외쳐왔습니다. 지금은 기술의 발달로 사람이 기계의 속도에 맞추는 게당연시되는 시대를 살고 있습니다. 디지털 시대인 지금 사람들은 인터넷 속도가 조금만 느려도 답답해합니다. 끊임없이 "빨리빨리!"를 외쳐대는 시대의 독서법은 어떨까요?

책도 빨리 읽는 것이 미덕이 된 지 오래입니다. 부모님들은 아이에게 주어진 시간에 최대한 많은 책을 읽어주어야 하니 속도를 냅니다. 할당량이 있으니 책 읽어주는 것이 어느새 '일'이 되었어요. 독서가 즐거움이 아니라 힘든 노동이 된 것입니다.

혼자 책을 읽게 하려고 글자를 일찌감치 가르칩니다. 초등학생이 되면 도서관에서 빌린 책이 한가득 있습니다. 책 읽기가 학습 수단이 되다 보니 효율성을 따지게 되고 그러다 보니 "빨리빨리!"를 외치게 되는 거예요. 이런 방식은 부작용이 큽니다. 애초에 책 읽기를 재미가 아닌 숙제로만 경험한 아이들은 나이가 들수록 책을 멀리하게 됩니다.

한동안 속독 학원이 유행처럼 번지던 시기가 있었습니다. 제가 가르치던 아이들도 그곳으로 옮겨갔습니다. 부모들은 입시 문제에서 언어 영역 지문이 길어서 이걸 빠르게 읽어야 유리하다고 말합니다. 같은 시간에 더 많이 읽을 수 있으니 속독을 익혀두면 나쁠 게 없다고 해요.

책 읽기가 학습의 도구가 된 시대에 어쩌면 당연한 현상일 수도 있습니다. 그러나 어찌 된 일인지, 곧 아이들이 돌아오기 시작합니다. 시험 볼 때 지문을 읽고 행간에 숨은 뜻을 이해하지 못해 틀리는 일이 많아진 것입니다. 빠르게 읽는 데 치중하다가 정작 중요한 내용 파악을 놓친 거예요. 글쓴이의 의도나 맥락을 파악하지 못합니다.

앞서 소개한 매리언 울프는 《다시, 책으로》라는 책에서 깊이 읽기의 중요성을 강조합니다. 그는 빠른 속도에 노출된 아이들이 '좋은 독자'로 남으려면 깊이 읽는 능력을 회복해야 한다고 말합니다. 깊이 읽기야말로 비판적, 추론적 사고와 반성적 사유를 가능하게 하고, 진실과 거짓을 구별하는 능력을 길러주며, 타인의 관점을 취할 수 있게 한다고 말합니다.

속독에 길들여진 아이들이 깊이 있는 독서로 돌아오기까지는 시간이 걸립니다. 저는 이런 상황을 지켜보며 무척 안타까웠습니다. 더욱 속이 상하는 일은 지금 아이들이 누구도 속독을 강요받지 않음에도 책을 빨리 읽으려 한다는 점입니다. 책은 읽어야 하고 시간은 없고, 빨리 읽고 다른 재미있는 걸 하려다 보니 대충 후루룩 읽습니다. 대략적인 줄거리만 알면 된다고 생각합니다. 그러다 보니 깊이 읽기가 어려워지고 독서력은 늘지 않습니다.

독서는 속도전이 아니다

한 번에 여러 권을 읽는 것이 좋은지, 한 권을 다 읽고 다음 책으로 넘어가는 게 좋은지 하는 질문을 받을 때가 있습니다. 저는 책을 읽는 목적에 따라 다르다고 대답합니다. 책을 왜 읽는지 생각해보고 거기에 맞는 독서법을 선택하면 되는 겁니다. 숙련된 독서가라면 필요에 따라 한 번에 여러 권을 읽을 수 있습니다. 그것은 필요한 부분을 빨리 찾기 위한 독서입니다. 숙련되지 못한 일반 독자들에게는 한 권을 천천히 읽기를 권합니다.

독서에서 속도전을 해야 할 특별한 이유가 있을까요? 어른들은 목적에 따라 빠르게 읽기를 할 수 있지만 아이들에게 이러한 방식을 강요해서는 안 됩니다. 책을 즐겨 읽는 어른으로 자라나길 바란다면 느리게 천천히 읽기 먼저 알려주셔야 합니다.

느리게 읽기란 상상하고 사고하며 자신만의 의미로 재구성하는 읽기를 말합니다. 책 읽기는 작가와의 대화입니다. 한 문장 한 문장 작가가 하고자 하는 말을 생각하고 책과 대화해야 합니다. 밑줄을 긋고 메모하고 잠시 생각했다가 다시 읽기로 돌아오는 식으로 꼭꼭 씹어 먹듯이 읽어야 합니다.

아이들에게 독서는 쫓기듯이 처리해야 하는 일이 아니라 편안하고 여유로운 즐거움이 되어야 해요. 느리게 읽어야 책 읽기의 참맛을 알 수 있습니다. 한 권의 책을 여러 번 읽어서 완전히 자기 것으로 만들고 다음 책으로 넘어가는 것도 좋습니다. 이런 경험이 쌓이면 학습 능력도 좋아지고 책 읽는 속도도 자연스레 빨라집니다. 문해력 역시 느리게 읽기를 통해 기를 수 있습니다.

특히 시(詩)를 읽을 때 이런 방식을 더욱 강조합니다. 아이들에게 시집을 주면 반응이 두 가지로 나눕니다. '빨리 읽을 수 있어서 좋다'와 '줄거리가 없어서 읽는 재미가 없다'입니다. 한 편의 시를 곱씹으며 읽은 적 없는 아이들에게 시집은 글자 수가 적어 빨리 읽을 수 있는 책이자 국어 시험을 대비하기 위해 형식, 운율, 소재, 주제, 비유법 찾기 등을 배워야 하는 책입니다.

한 편의 시를 음미하며 가슴 저릿한 기분을 느끼는 '느리게 읽기'가 무엇보다 중요하지만 아이들에게는 어려운 일입니다. 문제 풀이를 위해 시를 배우고 있기 때문입니다.

초등 저학년까지의 시 읽기는 즐거운 경험입니다. 동시를 소리 내어 읽고 재미있고 아름다운 언어들을 배워요. 노래하듯이 암송하면서 감성을 자극하는 행복한 책 읽기입니다. 그러나 초등 고학년에 들어가면 더 이상 이런 행복감을 느낄 수 없습니다. 이론을 배우고 분석해야 하는 공부의 대상이 되는 거지요.

아이들에게 느리게 읽기의 묘미를 알려주세요. 시에서 멀어지고 책에서 멀어지지 않도록 도와주세요. 그러려면 읽기를 그저 좋은 성적을 받기 위한 수단으로 인식하지 않도록 해주어야 합니다. 책을 한 권씩 꼭꼭 씹어 먹도록 합시다. 그러려면 느리게 읽어야 합니다. 얼마나 더 많이 더 빨리 읽느냐가 아니라 얼마나 더 제대로 읽느냐에 초점을 두어야 합니다. 아이들에게 읽어야 할 책을 산처럼 쌓아주지 말고 한 권씩 음

미하며 읽도록 해야 합니다. '책 읽기가 이렇게 좋은 거구나.'
하고 느낄 수 있도록, 책이 친구처럼 다가올 수 있도록, 그런
시간 속에서 우리 아이가 인생 책을 만날 수 있도록 만들어주
세요. 아이들에게 책 읽기만큼은 마음껏 게으름을 피우도록
해주세요.

3

부모가 읽어야 아이가 읽는다

시행착오를 발판 삼다

이상과 현실은 다르다

아이를 키우면서 처음으로 책 읽기를 고민한 것은 큰아이가 다섯 살 무렵이었습니다. TV 광고에 책 읽어주는 부모의 모습이 나왔는데 아이가 행복한 미소를 지으며 잠드는 아름다운 영상이었습니다. 많은 워킹 맘이 그렇듯 저 역시 낮에 아이를 돌보지 못하는 데서 오는 미안함이 있었습니다. 그래서 '밤에라도 책을 읽어주어야겠어. 그러면 TV 속 저 아이처럼 미소를 지으며 잠들겠지.' 하는 초보 엄마다운 상상을 했습니다. 그런데 생각과 달리 아이는 쉽게 잠들지 않았어요. 읽는 동안 아이의 눈은 더 초롱초롱해졌고 그림책을 덮으면 "더 읽어주세요.

다시 읽어주세요"를 반복했습니다. 낮 동안 다른 아이들을 가르치다 보니 목 상태가 안 좋은 데다 계속 읽어달라고 보채는 아이를 보며 후회했습니다. 왜 TV와 다른 거지? 도대체 누가 책 읽어주면 아이가 잘 잠든다고 한 거야?

목은 아프고 힘은 들고 그래서 낮에 미리 녹음해서 들려주기도 했지만 통하지 않았어요. 아이는 직접 옆에서 읽어주기를 원했습니다. 큰아이에게 그 시간은 하루 종일 보지 못한 엄마를 독차지하는 행복한 시간이었다는 것을, 엄마 목소리를 듣고 이야기를 나누는 그 시간이 끝나지 않기를 바란다는 사실을 나중에야 알게 되었습니다. 둘째 아이는 달랐습니다. 밤마다 책을 읽어주면 잠시 후 편안한 얼굴로 잠이 들었습니다. 마치 제가 TV 광고 속 엄마가 된 기분이었지요 '아, 이게 가능하구나! 아이마다 다르구나.' 하고 깨닫게 된 순간이었답니다.

기본 목표부터 다시 생각하다

교과목 공부 지도를 제법 오래 하다가 독서 수업을 하다 보니 아이들에게 어떻게 지도해야 공부 기초 체력이 쌓일지가 보였습니다. 아이들이 공부할 때 힘들어하는 지점을 알고 있으니 독서 지도 때 어느 부분을 주의 깊게 살펴야 할지가 보였던 겁니다. 그래서 처음에는 교과목 가르칠 때처럼 했습니다. 읽어야 할 책을 숙제를 내주고 안 읽어 오면 남겨서 읽혔습니다. 다 읽고 나면 반드시 줄거리를 쓰고 말하게 했습니다. 줄거리 내용이 부실하면 책을 대충 읽었다고 진단하고 내용을 완전히 숙지할 때까지 반복해서 읽도록 했습니다.

내용을 잘 이해했다고 판단되면 독후 활동으로 글쓰기를 시키고 수업 시간에 마무리가 안 되면 과제로 내주었어요. 집에서 안 해오면 수업을 마치고 남아서라도 다 하게끔 했습니다. 아이들이 모를 만한 어휘는 골라서 그 뜻을 몇 번씩 쓰게 하고 말로 설명하게 했습니다. 참 열심히 했습니다. 그런데 지금까지 제가 했던 방식에서 문제가 보이시나요?

저는 독서 수업이 아니라 또 다른 공부 수업을 한 거였습니다. 엄마들은 결과물을 보며 좋아했지만 아이들로서는 억지로 책을 읽어야 했던 힘든 수업이었습니다. 아이들은 힘들다고 난리였고 집에서는 자꾸 아이가 수업 가기 싫어한다는 전화가 걸려왔습니다.

이런 시행착오를 겪으며 깨달았습니다. 올바른 목표 의식 없이 빨리 성과를 내려던 나의 욕심이 문제라는 것을 말입니다. 책 읽기는 억지로 다그친다고 좋아지는 게 아니라는 것을 아이들의 원성을 들으며 깨달았습니다. 아이들도 처음에는 따라갑니다. 그렇게라도 열심히 해야 한다고 생각하니까요. 하지만 독서 수업은 어쩔 수 없이 해야 하는 교과목 공부와 달랐습니다.

아이들은 곧 의문을 품었고 거부했습니다. 뼈아픈 경험을 하며 저 자신이 처음 책을 만났던 순간을 떠올렸습니다. 그리고는 책이 닳도록 읽으며 행복했던 그 순간을 잊어버렸다는 걸 알게 되었습니다. 닦달하는 책 읽기에 지친 아이들로서는 거부할 만했습니다. 성적을 빠르게 올릴 수 있는 독서 지도법만 생각하며 아이들을 몰아세웠다는 생각에 미안하고 부끄러운 마음이 들어 얼굴을 들 수가 없었습니다.

독서를 통해 학습 능력과 생각하는 힘을 길러 고학년 때 공부가 수월해지게 하려는 게 일차적인 목표였습니다. 하지만 가장 중요한 목표는 빠뜨렸어요. 바로 아이들을 스스로 책을 고르고 즐겨 읽는 평생 독자로 만드는 것이었어요. 이것을 깨닫고 나니 행여나 나의 욕심으로 아이들이 평생 독서가가 될 기회를 잃어버린 것은 아닐까 싶어 잠이 오지도 않았습니다.

저는 다시 시작하는 마음으로 즐거운 독서, 재미있는 독서를 가르치기 위해 계획을 전면 수정했습니다. 그리고 저희 아이들을 키우며 알게 된 사실, 즉 아이마다 다 다르다는 점을 감안하여 환경과 실태, 능력을 고려한 개별 지도안을 만들었습니다.

치밀하게 계획을 세우고 아이들 반응을 세심히 살피면서 독서 수업이 행복한 시간이 되도록 노력했답니다. 그러면서 아이들과 대화하고 마음을 어루만지며 소통하는 수업을 하고 자 애썼습니다. 아이들은 금세 반응을 보이며 저를 행복하게 해주었습니다. 수업 시간이 오기만을 기다리다 문을 열고 뛰 어 들어와 손에 든 책을 다 읽었다고 자랑스럽게 말하는 아이 들이 생겼고 수업 분위기도 달라졌어요.

인내의 열매는 달다는 진리

새로 들어온 아이들에게 책 읽기의 즐거움을 알리는 데는 긴 시간이 필요하지 않았지만 그전에 오랫동안 힘든 독서 수업을 받았던 아이들은 쉽게 마음을 열지 않았습니다. 경계의 눈빛을 보내며 '선생님이 왜 이러실까?' 하는 반응이었습니다. 아이들 에게 이제부터 수업이 달라질 거라고 설명하고 실행에 옮겼지 만 한참 동안 아이들은 저를 믿지 않았습니다. 시간이 필요하 다는 걸 알고 있었기에 조급해하지 않고 기다렸습니다. 그렇게 인내의 시간이 지나 차츰 마음을 열고 바뀌어가는 아이들을 보는 기쁨을 누리게 되었어요. 저 자신도 행복해지는 경험이었 습니다.

아이들을 다그치며 인상을 찌푸리는 시간이 아니라 이야기와 웃음이 있는 시간으로 바뀌자 아이들도 저도 행복했습니다. 우리가 모두 기다리던 바로 그런 독서 수업이 찾아온 것입니다. 처음엔 저와 생각이 맞는 부모님들과 함께하다가 달라져 가는 아이들을 보며 차츰 많은 분이 찾아오기 시작했습니다. 아이가 행복해야 부모님도 행복하고 그러려면 어른이 먼저 달라져야 한다는 것을 깨달은 소중한 시간이었습니다.

독서 지도를 하며 오랜 시간을 보내다 보니 많은 아이를 만나고 그 아이들이 자라 성인이 되는 과정을 지켜보게 되었습니다. 그럴 때마다 제가 세운 독서 지도 목표가 틀리지 않았음을 다시금 확신하게 됩니다. 아이들이 책 읽기를 공부의 연장으로 느끼게 하면 안 됩니다. 혹여 제가 했던 시행착오를 반복하는 부모님이 계시다면 하루빨리 방향을 바꾸시기를 권합니다. 아이들에게 책 읽는 기쁨을 선사해주세요. 지금도 늦지 않았습니다. 아이들은 변화하는 부모님의 모습에서 더 큰 배움을 얻을 거예요.

왜 우리만 읽어요?

아이는 환경의 영향을 받는다

책 읽는 아이들의 불만 중 하나가 아빠 엄마는 안 읽으면서 자기만 읽으라고 한다는 것입니다. 엄마는 핸드폰 보면서 왜 나한테만 책을 읽으라고 하느냐고 물으면 보통은 "하루 종일 일했잖아. 지금은 쉬는 시간이야"라고 대답합니다. 그러면 아이들은 자기들도 종일 학교, 학원, 숙제로 바빴다며 불공평하다고 목소리를 높이죠. 많은 가정에서 겪는 현실입니다.

2021년 문화체육관광부가 만 19세 이상 성인 6,000명을 대상으로 실시한 '국민 독서 실태' 조사 결과도 이와 같습니다. 성인의 연간 종합 독서율은 47.5%, 1년 평균 4.5권으로 예년보다 줄고 있는 것으로 나타났습니다. 독서가 어려운 이유로는 '일 때문에 시간이 없어서'를 가장 많이 꼽았고 '다른 매체·콘텐츠 이용'이 그다음이었습니다. 사실 시간이 없다는 건 핑계입니다. 잠깐에도 가능한 여가 활동이 독서입니다. 독서는 책만 있으면 됩니다. 다른 준비가 필요 없습니다. 언제 어디서든 마음만 먹으면 가능합니다.

부모가 책 읽는 모습을 보이면 아이들은 자연스럽게 따라가게 됩니다. 《뇌 과학자의 특별한 육아법》을 쓴 니시 다케유키는 아이들 뇌 발달에 유전적 요인도 중요하지만 환경이 크게 작용한다고 말합니다. 이와 관련한 실험이 있습니다. 독일의 한 연구팀이 참가자들을 두 그룹으로 나눈 뒤에 상식 문제를 풀게 했습니다. 이때 한 그룹은 유명한 대학교수를 떠올리며 문제를 풀게 했고, 다른 그룹은 '훌리건'이라 불리는 광적인 축구 팬을 떠올리며 문제를 풀게 했습니다. 그 결과는 사뭇 달랐는데요. 대학교수를 떠올리며 문제를 푼 그룹의 정답률이 30.4%나 높았다고 합니다.

우리의 뇌는 자기 이미지대로 능력을 발휘하려는 경향이 있기 때문이라고 합니다. 비슷한 연구로 2015년 독일 프리드리히 실러 예나 대학교 연구팀에 따르면, 뚱뚱한 웨이터의 서빙을 받은 손님은 보통 체형인 웨이터의 서빙을 받은 손님보다 음주량이 17.7%나 더 많고, 4배나 더 많은 양의 디저트를 주문하는 것으로 나타났습니다. 상대의 이미지에 영향을 받은 거예요. 아이를 변화시키고 싶으면 부모가 먼저 행동해야 하는 이유입니다. 부모가 본보기를 보이면 아이는 자연스레 따르게 됩니다.

어떤 아이로 키우고 싶은가

나는 무엇을 우선순위로 두는 사람인가? 중요하게 생각하는 삶의 가치는 무엇인가? 부모라면 깊이 생각해보아야 할 문제입니다. 내 아이를 어떤 사람으로 키우고 싶은지 돌아볼 필요가 있어요. 높은 성적을 지향하는 부모는 늘 공부 불안에 시달립니다. 책이 성적을 올리기 위한 도구가 됩니다. 실제로 수업 중에 만난 아이들은 부모의 지향점에 따라 독서 태도가 달랐습니다.

성적이 우선인 학부모는 상담 시에 아이가 읽을 책이 교과 과정과 관련이 있는지, 지식 책은 얼마큼 읽는지, 책 내용 파악을 제대로 했는지 확인하는가 등을 질문합니다. 그런 학부모 밑에서 자란 아이들은 책을 대하는 태도가 다릅니다. 처음에는 잘 읽어 오고 자랑도 합니다. 그런데 문학 책을 주면 시큰둥하며 재미없다고 말합니다. 차츰 시간이 지나갈수록 책을 건성건성 읽으면서 엄마에게는 말하지 말아 달라고 합니다. 엄마는 아이가 책을 읽은 걸로 아는데 정작 아이는 그 내용을 모릅니다. 뭐가 문제일까요?

이런 경우는 부모 교육이 선행되어야 합니다. 그러나 공부 잘하는 아이로 키우겠다는 목표가 최우선인 부모를 설득하기란 쉽지 않습니다. 소통이 되지 않기 때문입니다. 조금 지켜보다가 아이 성적이 안 오르면 수업을 끊습니다. 그럴 때 더없이 안타깝습니다. 아이가 행복한 독서가가 되지 못할 거 같아서 속이 상하기도 합니다. 그러나 내가 부모가 아니니 어쩔 수가 없습니다. 그래서 저는 이 말을 늘 입에 달고 삽니다. 부모가 달라져야 아이들이 책과 친해질 수 있다고 말입니다.

이와 반대로 아이가 책을 즐겨 읽는 사람으로 성장하기를 바라는 학부모도 있습니다. 이런 부모님은 처음 만났을 때 질문부터 다릅니다. 어떤 책들을 주로 읽는지, 선생님은 독서에 대해 어떤 생각을 가지고 계시는지, 아이가 책을 좋아하고 독서를 즐기려면 가정에서 무엇을 같이 하면 좋을지 등을 물어봅니다.

오랜 시간 함께한 아이 중에 특히 기억에 남는 사례가 있습니다. 중학교 1학년 때 만나 고등학교 3학년 때까지 함께했는데 그 아이의 어머니가 위와 같은 질문을 많이 했습니다. 아이가 사춘기가 되면서 자꾸 부모와 부딪치자 타인의 지도가 필요하다고 생각해 찾아오신 거였습니다. 어머니는 아이가 독서 토론과 글쓰기로 자기 생각을 정리했으면 좋겠다고 했습니다. 혹시 책을 안 읽어 오거든 교실에서 같이 읽어달라고, 가정에서도 지도해야 하지만 부모님 두 분 다 늦은 귀가로 쉽지 않다고 하셨습니다. 살아보니 책을 가까이하는 것이 중요하고 글로 자기 생각을 표현하는 능력이 앞으로 우리 아이가 세상을 살아가는 데 꼭 필요한 힘이라는 생각을 하게 됐다고 하셨습니다. 이런 부모 밑에서 자란 친구를 만나면 함께하는 시간이 즐겁습니다. 따로 부모 교육을 고민하지 않아도 되기 때문입니다.

개방형 코치가 되어야 한다

30년 경력의 정신의학과 전문의인 윤우상 박사는 저서《엄마 심리 수업》에서 말합니다. 엄마에게 꼭 필요한 것 중 하나가 바로 '도와주지 않는 능력'이라는 것입니다. 처음 그 말을 들었을 때는 선뜻 이해가 가지 않았습니다. 보통은 아이를 도와주는 것이 부모의 역할이라고 생각하니까요. 맥락은 이렇습니다.

아이가 겪어야 할 고통과 좌절의 경험을 빼앗지 말아야 한다는 것입니다. 사람은 실패를 통해 배웁니다. 고생도 할 만큼 해야 자생력이 생기고 의지력이 생겨요. 그래서 부모가 아이를 믿고 지켜보아야 한다는 거지요. 맞는 말이지만 실천하기란 쉽지 않습니다. 그러나 해야 하는 일입니다. 내 아이를 위하는 일인데 못 하겠다 할 수는 없습니다. 윤우상 박사는 그러면서 '개방형 코치'의 중요성을 강조합니다. 개방형 코치란 아이에게 스스로 감당할 기회를 주되 부모는 정보 제공자 역할만 하는 것입니다. 정해진 답을 유도하는 대신 아이가 직접 선택하고 스스로 깨닫게끔 하자는 것입니다.

부모는 무엇이 좋고 나쁜지 잘 알고 있습니다. 살면서 수많은 경험을 했기 때문입니다. 아이들도 그래야 합니다. 스스로 경험하고 알아나가는 과정이 필요해요. 부모라고 해서 이런 기회를 빼앗을 권리는 없습니다. 돌이켜 생각해보면 저 역시 큰아이를 키우며 많은 실수를 했다는 생각을 합니다. 어렸을 때 책을 많이 읽어주고 책 읽기를 통해 글자를 깨우치게했습니다. 여기까지는 좋았습니다. 그러나 아이가 커가자 자꾸 욕심이 생겼어요. 아이는 축구를 즐기고 친구들과 노는 걸 좋아했지만 엄마인 나는 조용히 앉아서 공부하고 글 쓰고 외우고 문제 푸는 시간을 많이 가지길 원했습니다. 그러다 보니 갈등이 많았는데요.

그동안 엄마 말을 잘 따르던 아이가 어느 순간부터 건성건성 합니다. 저는 참을 수가 없었어요. 실수하거나 계획표대로 안 하면 혼내고 반성하게 했습니다. 내 수업에 참여한 다른 아이들에게는 너그러웠지만 정작 내 아이에게는 그러지 못했어요. 사춘기가 오자 아이는 반항을 시작했고 저는 문제를 깨달으며 부모의 역할에 대해 다시금 돌아보게 되었습니다. 제가 태도를 바꾸자 큰아이와의 관계도 개선되었고 이제는 친구처럼 서로 성장을 응원하는 사이가 되었습니다. 그 경험이 둘째를 키울 때 많은 도움이 되었어요. 덕분에 큰 문제 없이 관계를 잘 형성할 수 있었습니다.

아무리 뛰어난 부모라 해도 아이 인생을 완벽하게 관리하고 책임질 수는 없습니다. 아이이기 이전에 한 인간으로서 자기 삶을 주체적으로 살아가게 해야 합니다. 그러므로 부모의 코치는 개방적이어야 합니다. 아이의 삶을 부모가 만든 틀 안에 가두어서는 안 됩니다. 강요하기보다는 본보기가 되어주는 게 좋습니다. 아이에게 바라는 모습을 부모가 일상에서 실행하는 것이 중요하다고 생각합니다. 독서도 마찬가지입니다.

부모의 독서 경험

나는 충분히 책을 읽고 있는가

부모의 '인생 책'을 아이와 공유하는 일은 독서 지도에서 매우 중요해요. 어른의 독서 경험은 아이의 흥미를 북돋우는 데 더 없이 좋은 재료가 됩니다. 그 어떤 이론도 직접 겪은 경험만 못해요. 그렇기에 부모로서 '나는 평소 아이의 본이 될 만큼 충분히 책을 읽고 있는가?'와 함께 '독서 경험을 아이와 잘 나누고 있는가?' 하는 고민을 해보아야 합니다.

제 경험을 말씀드리자면, 예전에 아이와 퇴근길에 함께 걸어올 때나 잠자리에 들었을 때 제가 읽은 책 이야기를 들려주곤 했습니다. 그러면 아이는 항상 귀를 기울이며 재미있게 들어주었어요. 아이는 공부할 때 궁금한 것이 생기면 늘 저를 불렀습니다. 제가 답을 알려주면 엄마가 세상에서 제일 똑똑하다며 감탄하곤 했지요. 그러면 "나도 책을 많이 읽으면 엄마처럼 똑똑해질까?" 하면서 내 옆에서 스스로 책을 읽었습니다. 어느 날엔가 성인이 된 딸에게 엄마의 책 읽는 모습이 네게 자극이 되느냐고 물었습니다. 딸은 늘 책을 가까이하고 책에서 정보를 얻는 엄마를 보면 자기도 그래야 할 거 같은 생각이 든다고 합니다. 그러면서 자기가 이번에 샀는데 함께 읽고 싶다며 책을 내밀고는 엄지를 들어 올립니다.

이 책을 쓰는 동안에 아이가 같이 읽자고 책상 위에 올려준 책은 두 권입니다. 시집 한 권과 문학상 수상작 모음집. 아이 말에 따르면 요즈음 엄마가 너무 정보 위주의 책만 읽는 거 같아서 감성을 자극할 문학 책을 골랐다고 합니다. 세심히 살펴 책을 골랐을 아이의 마음이 느껴져 곧 읽고 함께 생각을 나눠보자고 했습니다.

제가 만난 책 좋아하는 아이들은 부모님 자랑을 자주 합니다. 우리 엄마는 요즘 《아몬드》 읽어요. 우리 아빠는 《태백산맥》 읽어요. 엄마랑 《해리포터》 읽고 있어요. 엄마는 예전에 헤르만 헤세 작품을 가장 좋아했대요, 하며 웃는 아이들의 얼굴에 자랑스러움이 가득합니다. 아이에게 이보다 좋은 독서 지도법이 또 있을까요?

부모가 초보 독서가라면?

초보 독서가에게 책의 세계는 낯설고 어렵습니다. 책을 고르는 일도 익숙하지 않고 읽는 것은 더더욱 힘듭니다. 어른도 그렇고 아이도 그러합니다. 부모가 초보 독서가라면 아이의 힘든 점을 잘 이해할 수 있습니다. 동병상련의 마음이랄까요? 내가 책 읽기를 힘들어하는 만큼 아이도 지금 쉽지 않다는 것을 압니다. 그렇기 때문에 같이 성장해나가면 됩니다.

처음부터 덜컥 어려운 책부터 집어 들면 안 됩니다. 특히 아이들은 초보일 경우 지식 책은 어렵습니다. 일단 한 권을 완독하기에 좋은 두께와 글밥을 가진 책을 고르도록 합니다. 분량은 적고 주제는 관심 가는 책이면 됩니다. 아이와 부모 각자 성향에 맞는 책을 골라도 되고 같은 책을 읽어도 됩니다.

낭독부터 시작하는 방법도 좋습니다. 글을 소리 내어 읽으면 집중이 잘됩니다. 옛날 서당에서 이 방법을 이용했습니다. "하늘 천, 땅 지, 검을 현, 누를 황, 집 우, 집 주…." 지금도 천자문 하면 자동으로 암송되어 나옵니다. 조선 시대 사람들의 한자 실력이 중국과 일본보다 월등했다고 하는데 바로 이 낭독의 효과 덕분이라는 생각이 듭니다. 우리의 뇌는 자극하는 감각이 많을수록 잘 기억하는 특성이 있다고 합니다. 낭독은 시각과 청각 자극이 동시에 일어나므로 기억에 좋은 독서법입니다.

초보 독서가인 경우 책에 오래 집중하기가 힘듭니다. 금방 다른 생각으로 빠지거나, 잠이 오거나 좀이 쑤시게 됩니다. 이럴 때 낭독을 활용하면 좋습니다. 또한 낭독은 읽기 능력을 향상시킵니다. 소리 내어 읽다 보면 조사를 빠뜨리거나 끊어 읽기가 안 되거나, 글자를 바꾸어 읽는 경우가 있습니다. 이런 부분을 점검하고 고칠 수 있습니다. 발표 연습도 됩니다. 낭독을 하면서 자신감을 기를 수 있어요. 저는 수업할 때 저학년 아이들인 경우 특히 소리 내어 읽기를 많이 시킵니다. 연습을 거듭하다 보면 목소리가 커지고 발음도 또박또박해지며 발표하기를 주저하지 않는 모습을 보이게 됩니다.

완독의 경험이 중요합니다. 서로 읽어주기를 하든, 번갈아가며 읽기를 하든, 한 권의 책을 완독하게 해야 해요. 그래야 독서에 자신감이 생기고 거부감이 줄어듭니다. 변화는 바로 거기서 시작됩니다.

부모가 숙련된 독서가라면?

숙련된 독서가는 스스로 책을 고르고 집중하는 데 어려움이 없습니다. 문해력도 높아 어려운 내용도 잘 이해합니다. 책 한 권을 꼼꼼히 읽다 보니 자유로운 사고와 비판이 가능합니다. 만약 부모가 이렇게 숙련된 독서가라면 아이의 독서 지도와 관련해서 한 가지 조심해야 할 점이 있습니다. 아이가 힘들어하는 지점을 모를 수 있어요. 그 결과 아이에게 다음과 같은 지적을 쏟아냅니다. "책 읽는 게 뭐가 힘들어?" "책 읽을 시간이 왜 없어?" "뭘 읽어야 할지 왜 몰라?" "다 읽었다면서 어떻게 무슨 내용인지 모를 수가 있지?" "책 한 권 읽는데 왜 이리 오래 걸리지? 20분 동안 요만큼밖에 못 읽었다고?" "그걸 10분 만에 다 읽었다고? 정말 다 읽은 거 맞아?"

부모의 잔소리가 늘수록 아이는 점점 주눅이 듭니다. 이러면 책에 집중하기가 어려워져요. 그러니 숙련된 독서가라면 아이 눈높이에 맞는 조언을 하고 나아질 때까지 기다려주어야 합니다.

제가 만난 아이 중에 아빠가 책을 굉장히 좋아하는 사례가 있었습니다. 책을 즐겨 읽고 거실 벽면을 둘러싼 책장에 가득 책을 꽂아둘 정도로 책을 즐겨 읽는 분이었어요. 문제는 아이에게도 자기 방식의 독서를 강요했다는 점입니다. 아이는 어려서부터 꼬박 한 시간씩 매일 앉아서 책을 읽고 200자 원고지 20장 분량의 독후감을 써야 했습니다.

이 아이는 초등 5학년이 되자 아빠 손에 이끌려 제 수업에 들어오게 됩니다. 이유는 독후감을 쓰라고 했더니 책 줄거리로만 빼곡히 채웠다는 것이었어요. 생각과 느낌을 글로 쓰는 법을 배워야 할 거 같아서 데려왔다고 합니다.

제가 수업을 해보니 아이의 책 읽기가 건성이었어요. 오래 앉아는 있는데 마음은 다른 곳에 가 있고, 다 읽었다고는 하는데 느낀 점이 없어요. 다시 상담을 하며 아빠의 생각을 들을 수 있었습니다. 이분도 문제를 알고 있었어요. 자기 방식을 아이에게 그대로 적용한 게 무리였다고 말씀하십니다. 학년이 올라가면서 점점 책 읽기를 안 하려 하고 억지로 읽히기에도 한계가 있을 듯해서 전문가를 찾아왔다는 것입니다. 다행히 부모가 원인을 파악하고 있었기에 개선의 여지가 있다 싶었습니다.

실제로 아이는 6개월 정도 교정 수업을 받은 후 숙련된 독서가로 거듭날 수 있었습니다. 자유를 주고 숨통을 트이게 해주니 아이는 그간 쌓아온 독서력을 다시 발휘하기 시작했어요. 책을 읽고 토론하며 자기 생각과 느낌도 잘 정리하여 전달했습니다. 숙련된 독서가인 부모는 아이에게 좋은 영향을 끼칩니다. 다만 아이의 눈높이를 놓칠 수 있어요. 어떤 방식이 아이에게 가장 잘 맞는지 살펴보는 세심함이 필요합니다.

3-4
작은 습관의 힘을 믿어라

실행으로 옮겨야 의미가 있다

많은 책을 읽고도 내 삶에 적용하지 않는다면 책을 읽는 의미가 없습니다. 책을 통해 알게 된 것들을 생활에 접목하여 필요한 일을 실천할 때 살아있는 독서가 됩니다. 삶을 바꾸는 독서를 원한다면 다음 책을 참고해도 좋아요. 미국의 자기 계발 전문가이자 작가인 제임스 클리어가 쓴《아주 작은 습관의 힘》이라는 책입니다.

저자는 어릴 때부터 야구 선수의 꿈을 키웠다고 해요. 그러다 고등학교 2학년 때 사고를 당합니다. 죽음의 문턱까지 갈 만큼 크게 다쳐 다시 야구를 하기는 어렵게 되었어요. 하지만 그는 포기하지 않고 다시 그라운드에 서게 됩니다. 선수 생활을 하면서 대단한 업적을 세우거나 프로 선수가 되지는 못했지만 그로서는 매우 큰 성취였어요. 어떻게 이런 일이 가능했을까요? 비결은 '습관'이었습니다. 더 이상 아무것도 할 수 없을 것 같았던 그때 조금씩 시도한 일이 그를 바꾸었습니다. 작고 사소한 일일지라도 꾸준히 해나가면 나중에 놀라운 결과로 이어진다는 사실을 그는 경험을 통해 알게 되었다고 말합니다.

이 책에는 좋은 습관을 만드는 네 가지 법칙이 나옵니다. 첫째, 분명하게 만들어라. 둘째, 매력적으로 만들어라. 셋째, 하기 쉽게 만들어라. 넷째, 만족스럽게 만들어라.

하지만 보통 사람이 습관을 바꾸기란 쉽지 않아요. 새해 아침이 되면 사람들은 저마다 목표를 세웁니다. 저도 세 가지쯤 목표를 세웁니다. 바로 운동하기, 몸무게 줄이기, 커피 덜 마시기 같은 것들입니다. 하지만 부끄럽게도 얼마 못 가 흐지부지됩니다. '시간이 없어.' '먹어야 힘을 내지.' '당장 일을 하려면 커피를 안 마실 수가 없어.' 같은 핑계가 스멀스멀 올라오고 마침내는 아예 포기하게 되지요.

이 책도 그러한 사실을 잘 알고 있어요. 그래서 목표에 집중하기보다 시스템을 만들라고 합니다. 처음부터 실천하기 어려운 높은 목표를 잡기보다 성공 가능성이 큰 작은 행동들로 시스템을 구축하라고 조언해요. 한 가지를 오래 하기보다 조금씩 자주 해서 습관으로 만드는 게 중요하다고 말합니다. 이러한 방식은 책 읽기에도 유효해요. 위의 네 가지 법칙을 활용한 독서 지도법은 다음과 같습니다.

첫 번째 법칙, 분명하게 만들어라

이 법칙을 독서 습관 형성에 적용해보겠습니다. 먼저 아이와 함께 다음과 같이 자기 습관을 모두 적습니다. 아침에 일어난다, 누워서 휴대폰을 확인한다, 욕실로 간다, 샤워한다, 이를 닦는다, 수건을 세탁기에 던진다, 화장품을 바른, 식탁에 앉는다….

어떤 노력이나 생각 없이 자동으로 하게 되는 행동들을 적어보는 거예요. 그리고 이 중 자기가 생각할 때 좋은 습관과 그렇지 못한 습관은 무엇인지 생각합니다. 행동 변화는 분명한 인식에서 출발한다고 합니다. 자기 습관을 스스로 충분히 인지하는 과정이 꼭 필요합니다.

습관을 파악했으면 이제 행동을 바꿀 차례입니다. 우리가 만들고 싶은 좋은 습관에 관해 이야기를 나누어봅니다. 여기서는 바로 독서가 되겠지요. 그다음은 바로 명확한 실천 방법입니다. 언제 어디서 어떻게 하겠다고 행동 목표를 정합니다. 예를 들면 아침 7시에 거실 소파에서 20분 동안 읽겠다. 또는 저녁 9시에 식탁에 모여 앉아 30분 동안 각자 책을 읽자. 이런 식으로 목표를 구체화합니다.

두 번째 법칙, 매력적으로 만들어라

습관 형성을 위한 일종의 '당근' 제시법입니다. 이 전략을 사용하면 쉽게 장벽을 제거할 수 있다는 것이 저자의 생각입니다. 예를 들어 아이가 유튜브를 좋아한다면 책 읽기에 대한 보상으로 활용하는 거예요. '저녁 먹고 나서 소파에 앉아 책 20분 읽고 그다음에 유튜브 20분 보기'처럼 말이에요. 이러한 보상은 우리를 행동으로 이끕니다.

기분 좋은 일을 할 때 우리 뇌에서는 일명 '행복 물질'이라 불리는 도파민이 분비됩니다. 신경 전달 물질인 도파민은 우리 뇌를 자극해서 기쁨과 쾌감을 느끼게 해요. 어떤 보상을 예측했을 때 도파민이 나오면서 행복감이 올라가고 그 목표를 이루면 또다시 도파민이 분비됩니다. 그만큼 동기 부여에 중요한 역할을 해요. 이러한 원리를 독서 습관 만들기에 활용할 수 있습니다.

세 번째 법칙, 하기 쉽게 만들어라

노력은 최소로, 성과는 최대로 만드는 환경을 조성해야 합니다. 즉 책과 독서대, 필기도구 등을 눈에 잘 띄는 곳에 배치하는 거예요. 책을 읽겠다는 마음이 들었을 때 곧바로 실행에 옮길 수 있도록 말이에요.

이런 방법은 거꾸로 나쁜 습관을 없애는 데도 적용할 수 있습니다. 그 행동을 하기 어렵게 환경을 바꾸는 거예요. 예를 들어 핸드폰 사용을 줄이고 싶다면 손이 안 닿는 곳에 넣어두거나, 아이가 만화책만 보는 것 같아 걱정이라면 눈에 안 띄는 곳에 치워둡니다. 불편하게 만들면 그 행동을 취하는 데 더 많은 에너지가 들어갑니다. 그만큼 습관을 바꿀 가능성이 커지는 거예요. 마찬가지로 독서를 방해하는 요소가 있다면 제거해서 좀 더 책 읽기를 수월하게 할 수 있습니다.

네 번째 법칙, 만족스러워야 달라진다

우리의 뇌는 즉각적인 보상을 좋아한다고 합니다. 그래서 과식 같은 나쁜 습관을 버리기가 어려워요. 쾌감은 즉시 오지만 비만이라는 부정적 결과는 한참 뒤의 일이기 때문입니다. 뇌가 현재를 우선순위로 둔다는 것은 그만큼 습관을 바꾸기가 어렵다는 뜻이기도 합니다.

살을 빼야지, 영어로 대화를 잘해야지, 수학 문제를 잘 풀어야지 같은 계획은 미래에 보상이 주어지는 일입니다. 독서도 마찬가지예요. 성공 가능성을 높이려면 즉각적인 보상을 원하는 우리 뇌의 특성을 감안한 계획을 세워야 합니다.

계획을 세분화하고 목표 달성 시 즉시 보상해주는 거예요. 예를 들어 아이가 오늘 책을 잘 읽었다면 바로 붙임딱지를 지급합니다. 10개를 모으면 원하는 걸 가질 수 있어요. 덕분에 이 아이는 열흘 동안 매일 책을 읽게 됩니다. 보상이 없으면 동기 부여가 되지 않고 뒷일로 미루기에 십상입니다. 하루 이틀 미루다 보면 목표 달성은 멀어지지요. 이럴 때는 내가 한 행동의 결과를 즉시 확인하면서 만족을 느끼게 해야 합니다. 이런 경험이 차곡차곡 쌓이면 새로운 습관을 만들 수 있어요.

제임스 클리어의 네 가지 법칙을 활용한 독서 습관 만들기 예시

- 분명하게 만들기 우리 가족은 저녁 8시 30분에 다 같이 식탁에 모여 앉아 30분 동안 각자의 책을 읽는다.
- 매력적으로 만들기 읽기를 30분 하고 나면 자기가 하고 싶은 걸 30분간 하기로 한다.
- 하기 쉽게 만들기 책 읽기를 하는 동안에 핸드폰은 바구니

에 담아 베란다에 둔다.

- **만족감 주기** 그날 책 읽기를 하고 나면 바로 붙임딱지를 하나씩 붙인다. 10개를 모으면 주말에 하고 싶은 일을 하도록 해준다.

넛지를 활용하라

나도 모르게 작동하는 넛지

'넛지(nudge)'도 책 읽기 습관을 만들 때 참고할 만합니다. '넛지'는 팔꿈치로 슬쩍 찌른다는 뜻으로 강요가 아닌 부드러운 방식으로 상대방의 선택을 유도하는 것을 말합니다. 《넛지》는 미국 행동경제학자 리처드 탈러와 법학자인 캐스 선타인이 쓴 책 이름이기도 합니다.

책에 따르면 인간은 타인의 말이나 행동에 쉽게 영향을 받는다고 합니다. 정해진 틀에 따르는 것을 좋아하기 때문이라고 하는데요. 우리가 인지하지 못하는 사이에 주변의 많은 것들이 우리의 행동을 바꾼다고 합니다. 예를 들어 마트에서 홀러나오는 음악, 시각 자료들, 각종 할인 행사 같은 것들은 은연중에 우리의 소비 욕구를 자극합니다. 아무리 좋은 것이라도 강제로 시키면 저항이 생기기 마련이에요. 하지만 부드럽게 권유받는다면 싫은 일도 해보는 게 인지상정입니다. 이것이 바로 넛지의 힘이에요.

우리 아이 독서를 위한 넛지

아이들은 특히 억지로 하는 걸 싫어합니다. 좋은 걸 알아도 강제성을 느끼면 바로 짜증을 내거나 반항적인 태도를 보입니다. 독서도 마찬가지입니다. 좋은 거니까 무조건 읽으라는 식으로 접근해서는 반감만 살 뿐 도움이 되지 않아요. 이럴 때 넛지가 효과적입니다. 제가 아이들과 수업하면서 효과를 본 사례를 소개합니다.

사례 1.

가정에서 아이가 독서할 장소를 취향에 맞게 꾸며주세요. 그러려면 먼저 아이가 무엇을 좋아하는지 어떤 분위기를 선호하는지 알아야 합니다. 그런 다음 아이와 함께 만들어보는 거예요. 어렵고 복잡하게 생각할 필요가 없답니다. 거실 한쪽에 놀이 공간을 만들 듯이 하면 됩니다.

다만 책상과 의자가 놓인 정형화된 공간은 피해야 합니다. 아이가 흥미를 느끼고 그 장소를 좋아하도록 만드는 것이 중요합니다.

어릴 때 저는 아늑한 다락방에서 책을 읽었습니다. 잡동사니들이 잔뜩 쌓여 있었지만 정리를 해서 한쪽에 작은 공간을 만들었답니다. 거기서 책도 읽고 생각도 하고 그림도 그렸던 기억이 있습니다. 이처럼 아이마다 선호하는 공간이 있을 거예요. 제가 만난 한 학부모님은 상담 후에 그런 공간을 만들어주고 싶어서 살펴보니 아이마다 서로 좋아하는 분위기가 달랐다고 합니다.

큰아이는 탁자와 의자가 놓여 있고, 음악과 먹을 것이 있는 카페 느낌을 좋아하고, 작은아이는 낮은 책장으로 둘러싸인 작고 아늑한 공간을 좋아했습니다. 그래서 큰아이의 책 읽는 공간은 베란다에, 작은아이는 거실 한구석에 만들었다고 해요. 다행히 모두 좋아해서 그곳을 도서관이라 부르며 애용했다고 합니다.

사례 2.

독서 공간을 만들었지만 아이가 즐겨 찾지 않는다면 어떻게 할까요? 아이가 좋아하는 연예인이나 운동선수, 만화나 게임 캐릭터 사진을 이용해보는 것이 좋습니다. 사진 속 인물 옆에 말풍선을 만들어 거기 "우리 같이 책 읽자." 하고 써넣는 것도 방법입니다.

저의 아이도 어떤 걸 그룹을 좋아했어요. 한 멤버를 너무 좋아해서 행동까지 따라 하기에 방문, 책상 등에 그 연예인 사진을 붙이고 다음과 같은 문구를 쓴 팻말을 달아주었습니다. "책 읽는 ○○이가 너무 사랑스럽다." "나처럼 너도 독서 쫌 하는구나?" 아이는 흥분해서 책을 읽었습니다. 어찌나 마음에 들었던지 그 멤버 덕분에 책 열심히 읽고 있다는 팬레터까지 썼다고 해요. 그 과정에서 저는 연예인 이야기도 하고 함께 콘서트도 가면서 아이와 한 발짝 더 가까워진 느낌을 받았어요. 아이의 관심사를 반영해 책 읽을 공간을 만들어주는 일이 뜻밖에 일석이조의 효과를 거둔 것입니다.

사례 3.

아이가 자주 머무는 곳에 독서대와 책을 올려둡니다. 이때 흥미를 끌게끔 표지가 보이도록 두거나 책을 펼쳐서 재밌는 그림이 보이도록 두는 것이 좋습니다. 책을 펼쳐서 흥미로운 부분에 형광펜으로 줄을 긋고 보이도록 두는 것도 좋은 방법입니다. 일단 아이의 관심을 끌어야 합니다.

수업을 할 때도 이런 방법이 효과가 있었습니다. 책을 꺼리는 아이 자리에 책의 흥미로운 부분을 펼쳐서 두면 유심히 보며 "선생님, 이 책 무슨 내용이에요?" 하고 묻습니다. 어떤 아이는 표지가 마음에 들었는지 앉자마자 책을 들여다봅니다. 보통 표지나 제목처럼 책의 바깥에 드러나는 요소들은 최대한 흥미를 자극하도록 디자인되어 있어요. 이 부분을 아이들 책 읽기를 위한 넛지로 활용하면 좋습니다.

사례 4.

아이가 책에 몰입할 때가 있습니다. 이 순간을 사진이나 동영상에 담아 보여줍니다. 인화해서 잘 보이는 곳에 두고 한 번씩 지나칠 때마다 칭찬을 해주세요. 연출 장면이 아니라 실제로 아이가 책에 빠져드는 순간을 포착하는 것이 좋습니다. 아이는 책 읽는 자기 모습이 만족스럽습니다. 부모님이 좋아하는 모습을 더 보여주고 싶어 자꾸 책을 읽게 돼요.

저는 사진이야말로 부모님들이 쉽게 실행할 수 있는 '넛지'라고 생각합니다. 저도 수업 시간에 아이들이 책 읽거나 토론하는 모습, 글 쓰는 모습을 찍어서 보여줄 때가 있습니다. 그러면 아이들은 활짝 웃으며 "내가 이런 모습이구나!" 합니다. 어떤 아이는 썩 마음에 드는지 자기 핸드폰으로 사진을 보내달라고도 합니다. 엄마에게 인화해서 걸어달라고 해야겠다는 친구도 있습니다.

사례 5.

아이가 좋아할 만한 학용품을 책상에 올려둡니다. 노트, 필기도구, 독서대, 책갈피 등 아이의 취향에 맞는 것을 미리 준비해두는 것입니다. 저는 어렸을 때 특별히 좋아하는 학용품이 있었습니다. 그걸 자꾸 써보고 싶어서 공부를 하기도 했어요. 제가 수업하는 아이들에게도 자주 사용하는 방법입니다. 아이가 좋아할 만한 학용품을 건네주며 책 읽기로 이끌어봅니다.

지금까지 효과가 있을 만한 넛지를 소개해드렸습니다. 아이마다 성향이 다르고 흥미를 느낄 만한 독서 환경도 다릅니다. 시간과 노력을 들여 이것저것 맞추다 보면 내 아이에게 가장 맞는 넛지를 발견하게 될 거예요.

독서 습관 들이기에 넛지를 활용할 때 가장 중요한 것은 아이가 강제적이라고 느끼지 않게 하는 것입니다. 아이들이 거부감 없이 자연스레 끌림을 받아 책을 읽게 만드는 것이 핵심이에요.

독서를 추구하는 그릿

부모를 따라 하는 '그릿'

앤절라 더크워스는 미국의 심리학 교수입니다. 그는 인생의 성공에 재능이나 성적보다 더 중요한 요인이 작용한다는 것을 깨닫고 여러 해 동안 조사와 분석을 거듭합니다. 그리고 그 결과를 담아 《그릿》이라는 책을 펴내요. 이 책의 부제는 'IQ, 재능, 환경을 뛰어넘는 열정적 끈기의 힘'입니다. 이는 '그릿(GRIT)'의 의미와도 연결되지요. 그릿은 성장(growth), 회복력(resilience), 내적 동기(intrinsic motivation), 끈기(tenacity)의 첫 글자를 조합한 말로 목표를 달성하고자 하는 열정과 집념, 끈기를 말해요.

우리는 흔히 재능은 타고난다고 생각합니다. 그러나 이 책에 따르면 성공에는 꾸준한 노력과 좌절에 대응하는 태도가 훨씬 중요하다고 합니다. 그러면서 다음과 같이 묻지요. "그릿은 끊임없이 높은 기준을 요구받는 시련 속에서 단련되는가, 아니면 따뜻하게 감싸인 애정 어린 지지 속에서 길러지는가?"

많은 부모가 고민하는 지점이기도 합니다. 저 역시 그랬으니까요. 아이가 기대에 미치지 못했을 때 다그쳐야 할지 아니면 그래도 잘했다고 토닥여야 할지 결정하기가 쉽지 않았습니다. 아이가 초등학교 때 달리기 경주에서 3등을 한 적이 있었습니다. 기쁜 얼굴로 저에게 달려와 손목에 찍은 3등 도장을 보여주었는데요. 순간 저는 1등도 아닌데, 좀 더 잘하라고 해야 하나? 하는 고민이 들었습니다.

저자는 부모의 이기심을 엄격함으로 착각하지 말라고 경고합니다. 부모가 자기 위주로 판단하지 말라는 뜻이지요. 아이들은 부모 기준을 내세우며 통제하려고 하면 바로 알아채고는 경계합니다. 앤절라 더크워스는 따뜻하게 지지하는 양육 태도를 가져야 한다고 말합니다. 그러고 나서 부모가 먼저 그릿의 태도를 보여주라고 합니다. 아이가 보고 배울 수 있도록 말이지요. 실제로 성공한 사람들은 롤 모델로 부모님을 꼽는 경우가 압도적으로 많다고 해요.

자녀에게 그릿이 생기기를 바란다면 먼저 자신이 인생의 목표에 얼마만큼 열정과 끈기를 가지고 있는지 질문해보아야 합니다. 자신 있게 대답할 수 있다면 이미 아이의 마음에는 그릿이 길러지고 있는 것입니다. 결국 부모로서 자기 삶을 대하는 태도가 중요합니다.

독서하는 그릿을 길러보자

그릿을 키우려면 먼저 목표가 있어야 합니다. 독서 교육의 목적은 무엇일까요? 우리 아이가 평생 독서가로 살아가는 것입니다. 목표가 생겼으니 그릿을 만들어줄 차례입니다. 어떻게 하면 좋을까요?

공부 잘하는 아이로 키우기 위해 부모들이 보내는 따듯한 지지와 엄격함을 그대로 적용하면 됩니다. 중요한 것은 꾸준함입니다. 어느 한 시기만이 아니라 학창 시절 내내 지속해서 책을 읽게 해야 합니다. 우리가 고민하는 문해력, 창의력, 비판적 사고력, 공감력 등 대부분의 능력이 바로 이 꾸준함에서 길러집니다.

이와 관련해서 인상 깊었던 경험이 있습니다. 제가 수업하는 친구 중에 두 살 터울의 자매가 있습니다. 큰아이는 독서 수준이 꽤 높았습니다. 언니가 수업을 시작한 지 6개월 정도 지났을 때 동생이 찾아왔습니다. 언니 책 수업이 재미있어 보여서 자기도 하고 싶다는 것이었습니다. 동생은 책을 받아 드는 순간부터 호기심과 기대감을 드러냈습니다. 독서에 대한 자매의 남다른 태도는 어디서 오는 것일까 궁금했어요. 상담을 해보니 아니나 다를까 부모의 역할이 무척 컸습니다. 어려서부터 책 읽는 모습에 익숙해서인지 독서가 숨 쉬는 것처럼 자연스러웠어요.

아이들의 부모님은 삶을 열정적으로 사는 분들이었고 목표를 위해 어려운 상황에서도 꾸준히 노력하는 모습을 아이들에게 보여주었다고 합니다. 그러면서 아이들에게 '그릿'을 심어준 거예요. 지금 두 아이 모두 원하는 대학에서 하고 싶은 일을 하며 꿈을 향해 나아가고 있습니다. 학교생활뿐만 아니라 친구 관계, 타인과의 소통, 자아 성찰 등에서 항상 자신감 있는 모습을 보여주고 있어요. 거기서 저는 다시 한번 '그릿'의 힘을 확인할 수 있었습니다.

그릿은 작은 말 표현으로도 길러질 수 있습니다. 아이들은 부모들이 하는 말에 크게 영향을 받아요. 다음 예시는 아이들 마음에 그릿을 심어주는 표현들입니다. 아이가 무언가를 성취했을 때 혹은 목표 달성에 실패했을 때 다음과 같이 말해주세요.

"열심히 배우는구나! 마음에 든다."

"결과가 안 좋았네. 어떤 식으로 했는지, 어떻게 하면 나을
지 이야기해보자."

"참 잘했어! 더 개선할 부분은 뭐가 있을까?"

"어려운 거야. 아직 못 한다고 해서 상심할 것 없어."

"목표에 도달할 수 있도록 내가 이끌어줄게."

칭찬은 마법이다

따뜻한 칭찬이 필요하다

유난히 말이 없고 자기 생각을 드러내지 않는 초등 3학년 아이
가 있습니다. 아이들이 돌아가며 소리 내어 책 읽는 시간이 있
는데 이 아이는 자신의 차례가 되어도 읽지 않았습니다. 책을
읽어 와도 말은 하지 않고 쓰기만 하려고 했습니다. 왜 그러는
걸까? 고민하며 관찰하던 중 옆에 앉은 아이가 답답함을 못 이
기고 한마디 합니다.

"그냥 읽으면 돼. 엄청 잘 썼는데 왜 안 읽는 거야? 내가
대신 읽어줄까?"

그 순간 서 있던 아이의 얼굴에 미소가 스쳐 지나갔습니

다. 그때 저는 알았습니다. 아이의 입을 여는 데는 칭찬이 제격이라는 걸 말입니다.

"선생님이 읽어볼까? 지혁이가 주인공을 응원하는 마음을 아주 잘 표현했네. 멋지다."

아이는 수줍어하면서도 예쁘게 미소 지었습니다. 그다음부터 저는 아주 작은 것도 살펴 칭찬을 했습니다.

"안 듣는 줄 알았는데 귀담아듣고 있었구나. 선생님이 말한 내용을 다 담아서 글을 썼네."

"어려운 책이라 걱정했는데 다 읽어 오다니, 역시 대단한걸!"

아이에게 마법이 일어난 걸까요? 처음에는 피식 웃거나 흘끔 보기만 하던 아이가 차츰 저와 눈을 맞추는 시간이 길어졌습니다. 지금은 발표도 하고 자기가 쓴 글을 직접 보여줍니다. 칭찬은 아이들의 마음을 여는 멋진 도구임이 틀림없습니다.

이솝 우화 중에 '해님과 바람' 이야기를 기억하시나요? 결국은 따스한 햇살이 나그네의 외투를 벗기게 되지요. 아이들도 비슷합니다. 통제, 규율, 잔소리, 꾸중보다 따뜻한 조언과 격려, 칭찬의 말이 필요합니다. 칭찬이 아이의 마음을 열게 하고 책을 손에 들게 합니다. 아이를 변화시키고 싶다면 칭찬의 마법을 사용해보세요.

뇌에게 주는 최고의 보상

가바사와 시온의 《당신의 뇌는 최적화를 원한다》에 보면 칭찬이야말로 우리 뇌에 최고의 보상이라는 말이 나옵니다. 그런데 칭찬에는 타이밍이 중요합니다. 아무 때나 해서는 효과가 없어요. 좋은 결과를 냈을 때 기회를 놓치지 말고 제대로 칭찬해주어야 합니다. 그러려면 아이의 행동을 잘 살펴보아야겠습니다. 매번 하는 행동을 칭찬하는 것은 효과가 없습니다. 어제보다, 아니 조금 전보다 조금이라도 나아진 결과를 보였을 때 해주는 칭찬이야말로 강력한 동기 부여로 작용해요. 그랬을 때 아이는 한 걸음 더 앞으로 나아가게 될 것입니다.

초등 2학년인 다영이는 다른 아이들에 비해 말이 무척 많았습니다. 내용은 과장되고 허풍에 가까운 이야기거나 누군가를 홍보하는 것들이었습니다. 수업 진행에 방해가 되어 몇 번 주의를 주었습니다.

"그만! 이제 책을 좀 보자. 우리 토론을 해야 하는데 못 하고 있는 거 보이지? 인제 그만 집중해주면 좋겠어."

그러자 아이는 "선생님이 싫어요, 책 읽는 거 싫어요, 제일 오기 싫은 수업이에요." 하며 불만을 표시했습니다. 처음에는 너무 당황스러웠습니다. 그러다 문득 '나를 좀 받아주세요.' '있는 그대로 사랑해주세요.' 하는 마음을 느꼈습니다. 아이는 싫다면서도 항상 제일 먼저 수업에 들어왔으니까요. 제게 매번 연필, 지우개, 자 같은 물건을 선물로 주는 아이도 바로 다영이었습니다. 저는 비장의 무기인 칭찬을 쓰기로 했습니다.

아이가 연필을 주면 "내가 이 연필 좋아하는 거 눈치챘구나. 다영이, 센스 있는걸." 아이가 책을 다 읽어 왔다고 허풍스럽게 말하면 아주 쉬운 질문을 슬쩍 던지고 "정말 잘 읽었구나! 약속을 잘 지켰네." 같은 말을 해주었어요. 아이가 어쩌다 몇 줄이라도 글을 쓴 날은 아주 격하게 칭찬을 해주었습니다. 그러자 아이가 서서히 변해가는 게 보였습니다.

처음에는 선생님이 왜 이러나 싶어 경계하더니 나중에는 제 칭찬을 즐기는 듯했어요. 수업 시간에 쓸데없는 말이 줄었고 선생님이 싫다고 말하거나 다른 사람 흉보는 일도 사라졌습니다. 표정이 밝아지고 집중하는 시간이 길어졌어요. 진심을 다한 저의 칭찬이 통한 것입니다. 아이는 마음을 열었고 우리는 즐거운 책 수업을 계속할 수 있었습니다.

칭찬을 하고 싶어도 칭찬거리가 없다고 말하는 부모님도 계십니다. 공부도 안 하고 말도 안 듣고 말썽만 피우는데 어떻게 칭찬하느냐는 거예요. 하지만 생각해보면 무엇이든 칭찬의 대상이 될 수 있어요. 또한 부모님한테 잔소리 거리만 만드는 아이일수록 칭찬이 더 큰 효력을 발휘합니다. 불렀을 때 대답을 크고 시원하게 잘했다거나, 밥을 한 그릇 다 비웠다거나, 읽어야 할 책을 꺼내서 책상 위에 올려두었다거나 했을 때, 아주 작은 일에라도 듬뿍 칭찬을 해주세요. 아이는 분명히 달라질 것입니다.

어렸을 때 큰아이가 친구들과 축구를 하다가 책가방을 운동장에 두고 온 적이 있습니다. 땀을 흠뻑 흘린 채 현관에 신발을 아무렇게나 벗어두고 들어오는 아이를 보자 순간 화가 났습니다. 잔소리가 목까지 올라왔지요. 그러나 그건 내 감정일 뿐이라는 생각이 들었습니다. 아이는 지금 즐겁게 놀다 와서 행복합니다. 물론 엄마에게 미안한 마음도 있겠지요.

저는 잔소리 대신 칭찬을 쓰기로 했습니다. 얼굴이 상기되어 헐레벌떡 들어온 아이에게 시간 맞춰 집에 오려고 한 너의 마음을 예쁘게 생각한다고 말했습니다. 책가방도 던져놓고 온 아이를 웃는 얼굴로 안아주는 모습이 상상되시나요? 속으로는 화가 났지만 아이의 마음을 먼저 살폈습니다. 이런 순간이 몇 번 반복되자 아이는 귀가 시간을 잘 지키고 가방도 꼭 챙겨 들고 왔습니다. 돌아보면 아이의 행동을 바꾼 것은 야단이나 잔소리가 아닌 칭찬이었습니다.

아이들은 부모님에게 칭찬받고 싶어 합니다. 자기로 인해 부모님이 행복해하기를 바랍니다. 칭찬이 아이들 행동에 커다란 동기가 되는 거예요. 아이가 책을 잘 읽게 되기를 바란다면 칭찬을 아끼지 말아야 합니다. 한 장을 읽어도 칭찬해주

고, 한 줄의 글을 써도 칭찬해주세요. 우화 속 해님 같은 부모
가 되어주세요.

4

잘 읽어야 잘 말하고 잘 쓴다

4-1
어른의 기다림이 필요한 아이들

읽기도 쓰기도 재미없다던 명석이

독서 지도를 하며 기쁨을 느끼는 순간은 단연 아이들의 성장을 볼 때입니다. 그럴 때 행복감이 몰려오는데 이것이 제가 이 일을 할 수 있는 원동력이라는 생각이 듭니다. 쉽지 않은 아이들도 있습니다. 그때도 중간에 포기하지 않고 꾸준히 노력한 결과 오히려 더 큰 성장을 보여주었습니다.

독서에 흥미를 느끼는 지점이 아이마다 다르기에 "이럴 때는 이렇게 하세요"라고 딱 꼬집어 말씀드릴 수는 없습니다. 다만 부모님과 선생님이 사랑과 인내로 끈기 있게 기다려주어야 한다는 점은 분명합니다. 그럴 때 변화의 씨앗이 생깁니다. 여기, 멋진 성장으로 그 깨달음을 알려준 아이들이 있습니다.

우리가 처음 만난 건 명석이가 초등학교 3학년 때입니다. 자영업을 하시는 부모님은 밤늦도록 일하셔서 혼자 있는 시간이 많은 아이였습니다. 명석이는 책을 안 읽으려 하고 글도 안 쓰고 집중력은 떨어지며 항상 재미없다는 말을 입에 달고 다녔습니다. 학교 담임 선생님께서 읽기가 안 돼 공부에 지장이 많으니 독서 지도를 시켜보라고 추천해서 찾아왔다고 합니다. 아이 손을 잡고 오신 날 어머니는 그렇게 말하며 눈물을 보이셨습니다. 먹고사느라 바빠서 아이를 잘 돌보지 못한 거 같아서 미안한 마음이 크다고 하셨습니다.

첫 수업을 진행해보니 아이의 문제가 바로 드러났습니다. 일단, 주의 집중 시간이 너무 짧고 매사에 흥미가 없었습니다. 제가 어떤 말이나 행동을 하건 "재미없어요!" 소리를 계속했습니다. 연필을 들기는 하지만 거의 지렁이 기어가는 수준의 글자를 썼습니다. 다행인 것은 대답은 잘해서 아이의 생각을 알기가 비교적 수월했다는 점입니다. 명석이는 그동안 책을 읽지 않아 자기 학년에 맞는 책은 소화하기가 어려웠습니다. 그래서 초등 1학년 수준의 그림책을 보여주었는데 그마저도 잠깐 보다가 곧 시선을 돌리기 일쑤였습니다. 우리는 매일 30분씩 만나기로 했고, 가정에는 매일 10분씩 '끝말잇기'와 '단어 설명하고 맞추기'처럼 아이가 즐거워할 만한 말 놀이를 하도록 권해 드렸습니다.

저는 먼저 단순한 구조를 가진 전래 동화 읽어주기부터 시작했습니다. 명석이는 지루한지 온몸을 배배 꼬며 일어났다 앉기를 반복했습니다. 저는 명석이를 자리에 앉히고 손을 마주 잡은 다음 눈을 마주치며 이렇게 말했습니다.

"명석아, 지금 많이 힘들다는 거 알아. 하지만 이 책 다 읽은 다음 선생님하고 이야기를 나누고 수업을 끝낼 거야. 그러니까 네가 조금만 노력해줄래?"

매일 그림책을 읽어주고 등장인물에 대한 저의 생각을 말해주었습니다. 여전히 재미없다는 표정으로 집에 갈 궁리만 하는 명석이를 보며 이렇게 나 혼자 애쓰는 게 의미가 있나 싶은 생각이 매일 올라왔습니다. 그렇게 끊임없이 갈등하며 혼자 20분을 이야기한 뒤 남은 시간 동안에는 종이에 낙서와 같은 그림을 그리며 자유로운 대화를 나누었습니다. 명석이는 먼저 묻는 법은 없었지만 질문에는 답을 곧잘 했습니다.

저는 이 점을 활용하기로 하고 그날 읽은 책 내용을 명석이 생활과 연결 지어 질문했습니다. 예를 들어 〈혹부리 영감〉을 읽고 명석이 주변에 욕심 많은 친구가 있는지, 있다면 왜 그렇게 생각하는지 물어봅니다. 그러면 명석이는 못 이기는 척 짧게 대답합니다. 어떤 날은 자꾸 물어보지 말고 그냥 선생님만 말하라며 입을 닫기도 했습니다. 그럴 때는 기운이 빠져서 회의감은 더 커졌습니다. 그래도 묵묵히 책 읽어주기를 계속했습니다. 그렇게 답답한 상태로 몇 달이 흘러갔습니다. 어느 날 부모님이 전화를 하셨습니다.

"좀 전에 학교 선생님 연락을 받았어요. 오늘 명석이가 수업 시간에 글을 썼대요. 읽은 책 소개하기였는데 10줄이나 쓰고 내용도 좋아서 칭찬을 많이 해주셨다고 하네요. 감사합니다, 선생님."

어머니는 이렇게 말하며 우셨습니다. 저도 어찌나 기쁘던지 아이가 옆에 있다면 끌어안고 같이 울고 싶은 마음이었습니다. 그렇게나 딴청을 부리더니 이게 무슨 일인가 싶었어요. 정말 명석이가 한 일이 맞나 싶어 빨리 아이를 만나고 싶기도 했습니다.

명석이는 달라졌습니다. 수업에 집중하며 귀를 기울였고 끝나면 아쉬워했습니다. 그러더니 아예 30분 일찍 와서 서가에 책들을 둘러보았어요. 선생님은 이 많은 책을 다 읽으셨는지, 어떤 책이 제일 좋았는지, 내용을 다 말할 수 있는지 묻기 시작했습니다. 아이는 이제 완전히 마음의 문을 열고 책을 받아들이기 시작했습니다. 그러고는 그 누구보다 더 열성적인 독서가가 되어 제게 큰 보람을 안겨준 친구가 되었습니다.

수준에 맞춰 반복해서 읽는다

근호는 초등학교 6학년 때 국어 성적이 자꾸 떨어져서 찾아온 친구였습니다. 아이의 부모님은 다른 과목은 몰라도 국어만큼은 잘해야겠기에 체계적으로 독서 지도를 해야겠다는 생각에 데려왔다고 하셨습니다. 독서 이력을 들어보니 초등 저학년까지는 전집부터 학습 만화 시리즈까지 많은 책을 읽도록 지도했지만 주로 지식 책을 편독한 상태였습니다. 그래서인지 책을 읽어도 내용 파악을 잘 못 했고 지식 책 외 다양한 책을 읽는 데 어려움을 느꼈습니다. 특히 문학 책을 읽고 인물들의 감정을 유추하거나 인물의 행동에 대한 자기 생각을 표현하는 데 서툴렀습니다.

문학 책을 받으면 겁먹은 얼굴로 이걸 다 읽어야 하느냐고 물었습니다. 책이 너무 두껍고 등장인물이 많아서 정리가 잘 안 된다고 하면서 말이에요. 저는 우선 두려움을 극복해야 한다는 생각에 책 수준을 낮추어서 시작했습니다. 초등 4학년 수준의 동화책들 위주로 세 번가량 반복해 읽도록 했지요. 한 번은 부모님과 아이가 소리 내어 읽고, 한 번은 저와 아이가, 한 번은 본인이 다시 읽도록 했습니다. 그러고 나서 함께 내용을 정리하고 이야기를 나누었습니다.

같은 책을 세 번이나 반복해서 읽는 것은 어른도 쉽지 않아요. 아이 스스로 의지를 가져야 하고 부모님이 꾸준히 함께 해야 가능한 일이었습니다. 3주 동안 매주 한 권씩 세 번 읽기를 하고 마지막 주에는 책 이야기를 나누는 일을 6개월 정도 했습니다. 차츰 나아지는 모습을 보여 그다음부터는 한 달에 두 권 정도를 두 번 반복 읽기로 바꿨어요. 1년 가까운 시간이 지나가자 곧 제 연령대에 맞는 단계를 회복했습니다. 중학생이 되어서는 국어 성적이 좋아져 공부에 대한 자신감도 생겼습니다. 부모님의 적극적인 참여와 아이의 근성이 빚어낸 성과지요.

관심사와 연결 지어 지도한다

중학교 1학년인 성희는 연예인에 깊이 빠져서 다른 데는 전혀 관심이 없는 아이였습니다. 공연이 있는 날이면 학교 수업도 빼고 먼 지역까지 달려갈 정도였어요. 부모님은 걱정스러워했습니다. 책을 읽으며 다른 생각도 하게 되기를 바라셨습니다. 성희는 만나는 내내 연예인 이야기가 중심이었습니다. 어느 날엔가는 그 연예인이 주인공인 팬 픽션을 써 와서 제게 보여줄 정도로 열정이 넘치는 아이였답니다.

수업 시간 내내 연예인 이야기만 하려는 아이와 책을 읽고 대화하려는 저는 매번 다툼을 벌였습니다. 성희의 신경은 온통 연예인 이야기에 쏠려있었습니다. 저는 그 점을 이용하기로 했습니다. 과제로 내준 책을 읽어 오면 글쓰기 수업을 성희가 좋아하는 연예인 소설은 물론 콘서트 홍보 글까지 연결 지어 진행했습니다. 물론 안 읽어 오면 책만 읽다가 가기로 규칙을 정했지요. 그렇게 9개월 가까운 시간을 보냈습니다. 그러던 어느 날 자리에 앉자마자 대뜸 이런 말을 해요.

"이 책에 나오는 노인, 너무 허무한 거 아닌가요? 목숨 걸고 온 힘을 쏟아 청새치를 잡았지만 아무것도 남은 게 없잖아요. 상어가 다 먹고. 뼈대만 가져오면 뭐 해요? 결국 지치고 힘든 자기 몸밖에 없는데요."

제가 지난번에 준《노인과 바다》를 읽고 온 겁니다. 이런 일이 생기다니 놀라웠습니다.

"목표를 향한 집념과 끈기, 열정, 인내가 멋진 거 아닐까? 그건 아무나 할 수 있는 게 아니니까."

기회다 싶어 제 생각을 건넸습니다. 드디어 연예인이 아닌 책 속 인물을 주제로 이야기를 나누게 된 거예요. 우리가 대화하는 동안 1시간이 훌쩍 지났다는 걸 알고 서로 놀랐습니다. 그만큼 즐거웠다는 이야기니까요. 이게 지금 꿈인가 싶은 생각이 계속 들었지요. 그 후 성희의 열정은 책 읽기로 향했습니다. 무언가에 깊이 몰입해본 아이라서 그런지 더없이 멋진 독자가 되었습니다. 중학교 2학년을 마칠 무렵엔 저와 책 이야기를 나누는 좋은 벗이 되었어요.

아이들은 언제 어떻게 변할지 모릅니다. 지금은 책을 멀리하지만 금세 열렬한 독자가 될 수도 있어요. 어른들은 그때를 기다릴 수 있어야 합니다. 독서에 문제를 가지고 있거나 생활 태도에 개선이 필요한 아이들은 대부분 어른의 사랑과 인내를 요구합니다.

4-2
아이와 함께 독서 목록 정하기

어떤 책을 골라주어야 할까?

저는 매주 토요일 오전 도서관에서 책 수업을 진행했습니다. 이날은 제 아이도 신나는 날이었지요. 엄마와 함께 일주일 동안 읽을 책을 골라 오는 날이기 때문입니다. 주말도 없이 바쁘게 일하느라 정작 내 아이는 혼자 있는 시간이 많았는데요. 주말 도서관 수업만큼은 함께할 수 있어 다행이었습니다. 아이는 초등학교에 들어가서부터 중학교 졸업할 때까지 거의 매주 도서관으로 저를 따라다녔습니다. 짧으면 2시간 길면 4시간 동안 도서관 자료실을 거의 다 훑다시피 했지요. 그러고는 한가득 책을 안고 돌아오곤 했습니다.

그런 저희 모습을 본 부모님들은 항상 비슷한 질문을 합니다. 아이에게 골라줄 책을 구체적으로 알려달라고 말이에요. 학년별 추천 도서 목록이 많기는 한데 아무래도 내 아이의 수준과 맞는지 알 수가 없다고 합니다. 아이는 자신이 좋아하는 것만 읽으려고 하고 기껏 골라서 팔 아프게 들고 온 책에는 흥미를 보이지 않는다는 겁니다. 그럴 때면 저는 '아이와 함께 독서 목록 정하기'를 권합니다. 여기서 중요한 점은 아이가 읽을 책을 엄마가 일방적으로 정하지 않는 것입니다.

책 주제 정하는 방법

목록 작성은 책 주제를 정하는 데서 시작합니다. 주제는 아이의 성장 단계와 학년별 교과 단계에 맞는 것이 좋습니다. 다음은 시기별로 제가 사용하는 주제입니다.

- **초등 1, 2학년** 학교생활을 시작한 지 얼마 되지 않아 적응이 필요한 시기입니다. 아직은 유아기처럼 자기중심적이고 소유욕도 강한 시기이지요. 주변 환경에 영향을 잘 받고 비교적 감정 표현이 풍부하고 활동적일 때입니다. 친구 관계·질서·배려·존중 등 인성 관련 책, 도덕·신체·동

물 등의 주제를 담은 이야기책이 좋습니다.

- **초등 3, 4학년** 학교생활이 익숙해집니다. 논리적인 사고가 발달하기 시작합니다. 친구와 함께하는 것을 더 좋아합니다. 좋아하는 것과 싫어하는 것을 확실하게 알고 표현합니다. 고학년으로 올라가기 전에 과학, 문화, 풍속, 지리, 역사 관련 책을 다양하게 접하는 것이 좋습니다.

- **초등 5, 6학년** 몸의 변화가 생기기 시작합니다. 논리적인 사고가 더욱 강해집니다. 자아에 대한 탐색을 시작합니다. 추론 능력이 발달합니다. 사춘기 신체 및 감정 변화를 다룬 책, 추리 소설, 자아 탐색에 관한 소설, 철학·세계 문화·지리·세계사 관련 책을 기본으로 하면 좋습니다.

- **중학교** 호르몬 변화가 급격한 시기입니다. 성인과 다름없는 사고방식을 가집니다. 감정 기복이 심하고 자부심, 수치심을 강하게 느낍니다. 타인과 자신의 감정을 공유할 수 없다고 생각하여 고립감을 느끼기도 합니다. 책은 성장, 역사, 예술, 사회, 과학 등이 고루 좋습니다. 특히 진로 탐색과 관련한 책과 인간사의 다양한 감정을 엿볼 수 있는 세계 고전 명작을 추천드립니다.

- **고등학생** 성인과 다름이 없는 시기입니다. 사회 비판적 시선이 강한 시기이기도 합니다. 대학입시라는 큰 문을 앞에 두고 있기도 하지요. 자유롭게 성인이 읽는 것과 동일

하게 해도 됩니다. 다만 자신의 진로에 맞는 주제의 독서를 해야 하는 시기이기도 합니다.

학년별 추천은 주력으로 삼을 주제를 말하는 것으로 다른 책을 소홀히 해도 된다는 의미는 아닙니다. 학년이 올라감에 따라 필요한 책 주제를 알고 기본으로 삼으면 수월하게 목록을 정할 수 있습니다. 저는 아이와 함께 주제를 정한 후에 아이의 독서 공간에 월별 주제와 함께 크게 써 붙입니다. 눈에 잘 보이게 두면 아이 혼자서도 참고하여 책을 고를 수 있습니다. 매주 토요일에는 이를 참고하여 아이와 함께 고를 주제를 살펴본 후에 도서관으로 향했습니다.

교과 과정을 참고하여 매달 교과서 진행 단계를 살피고 도움이 될 책을 목록에 넣어도 좋습니다. 학교 공부에 나오거나 발표에 도움이 되면 책 읽기에 더 강력한 동기 부여가 될 수도 있습니다. 제가 먼저 쓴 전자책《가족과 함께하는 독서 토론과 글쓰기》에 실려있는 내용입니다. 다시 한번 살펴볼까요?

독서 목록 계획표 주제 예시

1월 새해맞이 관련 세계 여러 나라의 문화, 새로운 결심, 겨울방학 생활 주제 도서

2월 설날과 관련된 전통문화 주제 도서

3월 새 학년 맞이 친구 사귀기, 친구 관계 주제 도서

4월 과학의 달 관련 과학 주제 도서

5월 가족 사랑 관련 도서

6월 현충일, 나라 사랑 관련 도서

7월 제헌절, 법 관련 도서

8월 광복절, 우리 역사 관련 도서

9월 추석, 우리 문화 및 예술 관련 도서

10월 가을맞이 감성 시집 도서

11월 세계 문화, 역사 관련 도서

12월 성탄절, 인류애를 다룬 도서

학년별 주제와 월별 책을 기본으로 하고 여기에 아이가 읽고 싶어 하는 책, 부모님이 권해주고 싶은 책을 더하면 더욱 풍성해지겠지요. 강조하고 싶은 점은 욕심내서 너무 많이 고르지 말라는 겁니다. 독서는 평생 이어갈 습관이기에 멀리 보셔야 합니다. 저는 아이와 매주 도서관에 가서 책 목록을 함께 정했습니다. 아이가 주도적으로 살피고 고르고 선택하는 경험을 계속하니 갈수록 혼자서도 잘합니다. 위의 예시를 참고하여 각각의 상황에 맞게 독서 목록을 정하되, 편독하지 않도록 부모님이 살펴주시면 되겠습니다. 초등학생 시기에는 다양한 분야의 책을 골고루 읽어야 합니다.

4-3
소리 내어 읽자

읽어주기를 권하다

몇 해 전 초등학교 학부모 대상으로 가정 독서 지도 강의를 나
갔다가 교장 선생님과 이야기를 나누게 되었습니다. 교장 선생
님은 독서의 중요성을 잘 알고 계셨습니다. 전교생을 대상으로
매일 아침 10분 독서를 진행하고 있었는데 걱정스러운 면이
있다고 하셨습니다. 매일 복도 창문으로 아이들의 독서 모습을
살피는데 저학년 아이들이 책 한 권씩을 들고 집중하며 읽고
있는 모습이 더없이 예쁘고 사랑스러워서 잘한 일이구나 생각
하신답니다. 문제는 고학년 교실이었습니다. 책은 펴두기만 하
고 숙제를 하거나 엎드려 자거나 옆 친구와 장난을 치고 있다

는 겁니다. 어떻게 하면 좋을지 고민이라는 이야기를 해주셨습니다. 저는 교장 선생님께 저의 경험을 바탕으로 방법을 제안했습니다.

그러고 얼마 지나지 않아 전화가 걸려 왔습니다. 제가 알려드린 방법이 효과가 있다고 합니다. 아이들이 놀라울 정도로 책 읽기에 집중하게 되어 감사하다는 내용이었습니다. 제가 추천 드린 방법은 다름 아닌 '읽어주기'입니다. 매일 10분 독서는 독서 습관을 들이기에 좋은 방법입니다. 그러나 이 방법이 어렵다면 읽어주기로 먼저 흥미를 유발하는 게 어떻겠느냐고 했습니다. 선생님이 직접 하셔도 좋고 아이들이 돌아가며 읽어주어도 됩니다. 아이들이 하면 자기 차례가 오니까 자연스럽게 집중하게 됩니다. 처음에는 그림책부터 하면 좋습니다. 누구나 쉽게 몰입하기 좋고 성인이 읽어도 좋을 내용이 많습니다. 그림책은 초등 저학년이나 읽는 책이라는 고정 관념은 버려야 합니다. 학교 수업을 나갔을 때 그림책을 읽어주면 중·고등학생들도 흥미로운 얼굴로 집중합니다.

가정에서 함께 읽자

가정에서도 이 방법은 효과적이라고 생각합니다. 독서 습관이 되어 있지 않은 아이는 책에 집중하기 어렵습니다. 하지만 여럿이 분량을 나누어 서로 읽어주기를 하면 달라집니다. 가족이 둘러앉아 한 페이지씩 또는 한 문단씩 돌아가며 소리 내어 읽어보세요. 아이들이 이미 학교에서 해본 것이기에 고학년 아이들도 거부감 없이 잘할 것입니다. 이 방법은 다양하게 변주해볼 수도 있겠지요. 오늘은 아이가 읽어주기, 다음날은 엄마가 읽어주기, 아이와 아빠가 함께 읽어주기, 제비뽑기를 해서 당첨된 사람이 읽어주기 등 재미있게 놀이처럼 해보세요.

미국의 삽화가이자 자유기고가인 짐 트렐리즈는 《하루 15분 책 읽어주기의 힘》이라는 책에서 읽기의 중요성을 강조합니다. 아이들 어휘를 기르는 데 특히 좋다고 해요. 어른이 네 살짜리 아이와 대화할 때 1,000단어당 9개의 희귀 단어를 사용하는 데 반해, 아동 도서에는 그 3배, 신문에는 7배가 나온다고 합니다. 그림책도 마찬가지입니다. 내용이 간단해 보여도 부모와 아이가 나누는 대화보다 희귀 단어가 평균 70% 정도 더 많습니다. 아이의 어휘력을 키우고 싶다면 책을 읽어주어야 합니다.

TV와 휴대폰에 시간을 빼앗기고 인쇄물을 접할 기회가 적은 아이들은 학교 공부가 어려울 정도로 심각한 어휘 부족을 겪게 된다고 해요. 이 격차는 쉽게 좁혀지지 않는다고 합니다. 아이에게 책을 읽어주는 일은 큰돈을 들이지 않고도 할 수 있는 어휘력 기르기 연습입니다.

부모와 함께하는 시간이 중요하다

현대 사회는 빠르게 돌아갑니다. 가족 모두 바빠서 얼굴을 마주 볼 일이 드물 정도입니다. 수업 시간에 아이들과 이야기를 나누다 보면 부모님과 함께하는 시간이 적어서 아쉽다는 말을 자주 듣게 됩니다. 자투리 시간이라도 내서 아이에게 책을 읽어주면 어떨까요? 서로 소리 내어 읽어주면 집중도 되고 가족이 함께하는 즐거움도 누릴 수 있어요. 구연동화처럼 능숙하지 않아도 좋습니다. 아이와 함께 재미있게 소리 내어 읽어보는 것만으로 충분해요. 그런 교감의 시간을 꼭 만들어보시기 바랍니다. 우리 아이가 책에 흥미를 가지고 평생 독서가로 자라날 가능성이 그만큼 커집니다.

　가족 독서 시간을 정해보세요. 너무 바빠서 불가능하다고 생각할 수 있습니다. 할 일은 많고 시간은 한정되어 있으니까요. 그러나 우선순위를 생각하셔야 해요. 아이를 키울 때 그렇게 함께할 수 있는 시간은 짧습니다. 아이들은 금세 자라고 곧 부모의 관여가 필요하지 않은 시기가 옵니다. 잠시 주어진 시간을 행복으로 채우는 일은 다른 무엇보다도 소중합니다.

우리 아이는 무슨 생각을 하고 있을까?

아이와 의미 있는 대화 나누기

우리 아이는 도대체 무슨 생각을 하며 사는 걸까요? 초등 고학
년 부모와 상담하면서 많이 듣는 말입니다. 방문을 닫고 들어
가 나오지 않는 시간이 늘고 대화다운 대화를 나눈 지 오래된
거 같아서 속이 상합니다. 아이의 생각과 가치관이 올바른지,
세상일에 관심을 가지고 자기 관점을 세워가는지 궁금하기만
합니다.

　아이들도 나름대로 고충이 있어요. 숙제는 다 했니? 학원
은 잘 다녀왔어? 밥 먹어야지. 씻어야지. 어른들은 이런 말만
한다는 것입니다. 대화 단절은 많은 가정에서 겪는 일입니다.

어려서는 부모와의 대화를 좋아하던 아이들도 학년이 올라가면서 말없이 핸드폰만 만지작거립니다. 어떻게 하면 대화의 시간을 가질 수 있을까요? 지시하고 확인하는 일방적인 대화 말고 서로 공감하고 소통하면서 사고의 폭을 확장시켜주는 대화 말이에요. 부모도 그럴 마음이 있습니다. 다만 어떻게 해야 할지 방법을 모를 뿐이에요. 저는 이럴 때 책을 적극적으로 활용하시라고 권합니다.

《피그 보이》를 읽고 나눈 대화

비키 그랜트가 지은 청소년 소설 《피그 보이》에는 특별한 외모의 인물이 등장합니다. 댄 호그라는 이름의 이 아이는 반에서 따돌림당하면서도 기죽지 않고 당당하게 맞서요. 다음은 책을 읽고 나서 저와 초등학교 6학년이었던 딸아이가 나눈 대화입니다.

나 댄 호그는 왜 반 아이들에게 집단 따돌림을 당했을까?
아이 삐쩍 마르고 뻐드렁니인 데다 두꺼운 안경을 쓰고 있거든, 성격도 소심하고, 이름도 '돼지'라는 의미인 데다가 알레르기도 있어서 그렇다고 책에 나와.

나 그래서 따돌림을 당했다는데 그럴 때 댄 호그의 마음은 어땠을 거 같니?

아이 비참하고 슬프고 괴롭고 학교 가기가 죽기보다 싫었을 거 같아. 내가 만약 그 상황이라면 매일 아침 눈 뜨는 게 고통스러웠을 거야. 학교에서 하루 종일 놀림을 받는다니 상상만으로도 너무 힘든데.

나 그렇구나. 상상만으로도 정말 고통스러운 일이야. 그렇다면 친구를 따돌리는 것에 대해 어떻게 생각하니?

아이 왕따당하는 데는 이유가 있다고 말하는 친구들이 있거든. 너무 지저분해서, 성격이 안 좋아서, 혼자 너무 잘난 척해서 그렇다고 해. 솔직히 나도 그런 친구들이 싫어. 그래도 따돌리는 것은 옳지 않다고 생각해.

내 아이 주변에 왕따를 당하는 데는 이유가 있다고 생각하는 친구들이 있다는 사실이 걱정스러웠습니다. 혹시 내 아이도 그 분위기에 휩쓸리진 않을까 하는 두려움이 생겼어요. 그 친구들 생각이 잘못된 거라고 말해주고 싶었지만 먼저 아이의 생각을 알아보기로 했습니다.

나 싫더라도 따돌리는 건 잘못된 행동이라고 생각한다는 거지? 따돌림당한 경험이 있는 아이들은 나중에 커서 어떤 어려움을 겪게 될까?

아이 항상 자신감이 없을 거 같아. 사람들이 나를 이상한 눈으로 보는 거 같아 두려울 것도 같고. 친구도 잘 못 사귀지 않을까?

나 자신감도 부족하고 친구도 없어 힘들게 살 거라는 말이구나. 그런데 세인이 댄 호그에게 심한 행동을 했을 때 반 친구들은 어떻게 했지?

아이 모른 척했어. 자기에게 피해가 올까 봐 그런 거지. 댄 호그 입장에서는 모두에게 서운했을 거 같아. 보고도 못 본 척했으니까.

나 그럼 반 친구들은 어떻게 행동해야 했을까?

아이 세인에게 잘못된 행동이라고 알려줘야지. 댄 호그에게 친구들이 있다는 걸 알려줘야지. 아니면 무서우니까 부모님이나 선생님께 말씀드려도 좋았을 거 같아.

나 그래 다른 친구들이 용기 있게 행동해줬더라면 댄 호그는 훨씬 덜 힘들었을 거라고 엄마도 생각해. 보통 귀찮다거나 보복당할까 두려워서 방관자가 되는데 네 말대로 그래서 댄 호그는 반 친구들이 더 미웠을 거 같다. 친구들이 뭉친다면 못 해낼 것도 없는데 말이야.

이야기가 무르익어 갈수록 아이가 따돌림 문제에 대해 확실하게 자기 생각을 가지고 있다는 걸 알게 되니 마음이 놓입니다. 이제 아이가 생각하는 자신의 단점에 관해 이야기를 나누어보기로 합니다.

나 그럼 다른 이야기를 해볼까? 댄 호그는 몸도 작고 마르고 알레르기도 있는 아이라서 자신도 불만이었는데 이 점이 오히려 긍정적으로 작용한 면이 있어. 어떤 건지 말해줄래?

아이 평소에는 단점이었던 것들이 위기 상황에서 사건을 해결하는 데 도움이 됐지. 몸이 작으니 아이 중에서 유일하게 작은 창문으로 나갈 수 있었고 알레르기 때문에 약을 가지러 갔다가 문제 상황을 빨리 파악할 수도 있었으니까. 소심하다고는 하지만 기지를 발휘해서 범인이 몸을 씻고 오도록 해서 불 지르는 시간을 미루게 했고, 돼지우리에 들어가서 거름으로 범인을 공격하고 911에 신고 전화도 했잖아. 나 같으면 무서워서 꼼짝도 못 했을 거 같은데 댄 호그는 용감한 아이인 거 같아.

나 주인공의 단점이 친구들과 선생님, 그리고 자신을 살린 거구나, 그렇지? 그럼 너의 단점은 무어라고 생각해?

아이 나는 먹는 걸 좋아해서 문제야. 살이 많이 쪄서 예쁜 옷을 입기가 힘들어. 그리고 부끄러움이 많아서 아주 친하지 않으면 대화를 주고받기가 힘들어.

나 하지만 편식을 하지 않아 건강하지. 살쪘다고 고민하는데 엄마가 보기엔 날씬해. 또 너는 부끄러움은 많지만 친해지면 아주 좋은 친구가 되잖아.

아이 엄마는 매번 나보고 날씬하대. 고슴도치도 자기 자식은 예뻐 보인다, 뭐 그런 건가? 그럼 엄마가 생각하는 엄마 단점은 뭐지? 내가 생각할 땐 엄마는 단점이 거의 없는 거 같아.

나 와아, 엄마가 그렇게 완벽해 보여? 그럴 리가 없잖아. 엄마도 너처럼 부끄럼이 많아. 사회생활을 하면서 나아지기는 했지만 여전히 힘든 부분이지. 엄마 닮아서 너도 부끄러움이 많은가보다. 그리고 우유부단한 점이 문제라고 생각해. 뭔가를 결정해야 할 때 시간이 한참 걸리거든. 네 친구들은 단점이 없을까?

아이 내가 단점이 있는데 친구들이 없을 리가 없지. 사람은 누구나 좋은 점과 안 좋은 점을 가지고 있다고 생각해. 장점만 있는 완벽한 사람은 존재할 수가 없지 않을까? 단점이 있으니까 사람 같고 그래서 오히려 친근감이 드는데?

나 와아. 멋진 말을 했는데? 단점이 있으니까 사람 같고 친근감이 든다. 너도 그래서 엄마한테 친근감을 느끼는 거지? 하하하. 그럼 각자가 단점이 있다면 우리는 서로를 어떤 태도로 대해야 할까?

아이 서로 인정해야지. 다른 사람을 흉보고 따돌리고 그러면 안 될 거 같아, 자기도 단점이 있으니까. 그리고 자기가 단점이 있다고 주눅들 필요 없다는 생각이 들어. 누구나 하나 이상씩 문제점을 가지고 있으니까.

책을 읽고 이런 식의 대화를 나누면 아이를 더 잘 이해하게 된답니다. 아이도 정기적으로 이런 시간을 가지는 것을 무척 즐거워했습니다. 엄마와 생각을 나누니 사이가 돈독해지는 느낌이 든다고 말합니다. 저는 직업이 독서 지도사이므로 토론 주제나 질문을 수월하게 준비할 수 있습니다. 이 부분이 고민된다면 인터넷 검색을 활용하시면 됩니다. 아이가 주도적으로 이야기 주제를 찾아보는 것도 좋은 방법입니다. 가족들이 순번을 정해서 주제를 정하는 것도 추천할 만해요.

책 속에는 무수히 많은 상황과 이야기들이 있습니다. 우리에게 생각거리를 주는 인물과 사건이 등장하고, 알아두면 좋은 지식들이 곳곳에 있습니다. 아이들과 이런 것들에 대해 이야기하다 보면 자연스럽게 아이의 생각을 듣게 됩니다. 가정에서 이런 대화를 많이 해본 아이는 타인의 의견을 귀담아듣고 당당하게 자기주장을 펼칠 수 있습니다.

바쁘면 한 달에 한 번, 조금만 더 시간을 할애한다면 한 달에 두 번은 가족이 한데 모여 책 이야기를 나누어보세요.

4-5
해결책을 함께 찾아보자

가족 토의 시간을 가지자

토의란 집단 구성원들이 공통된 문제에 대해 정보와 의견을 주고받은 후 가장 좋은 해결 방법을 찾는 협력적인 말하기, 듣기 활동의 한 형태입니다. 토의는 찬성과 반대로 나뉘어 경쟁하는 말하기가 아닙니다. 더 나은 해결책을 찾고자 소통하는 자리이죠.

아이들과 다양한 문제들에 대해 토의하다 보면 어른 못지않게 깊이 생각하고 고민하는 모습을 볼 때가 많습니다. 어떤 문제가 있을 때 아이라서 잘 모를 거라는 생각으로 부모가 독단적으로 결정하는 경우가 많습니다. 그런데 오히려 아이들이 어른보다 나을 때가 있어요. 객관적이고 냉철한 판단이나 대안을 제시할 때면 저절로 감탄의 소리가 나옵니다.

제 경우 아이와 주 1회씩 규칙적으로 독서 후 토의를 해왔는데요. 어릴 적부터 해오다 보니 먼저 책을 내밀며 가족들과 함께 읽고 토의를 해보자고 제안할 때도 있습니다. 얼마 전에는 미국 출신 방송인인 타일러 라쉬가 쓴 《두 번째 지구는 없다》를 같이 읽고 한 시간 넘게 머리를 맞대고 이야기를 나누었습니다.

아이가 먼저 집에서 할 수 있는 지구 살리기 방법을 찾아보자고 하더군요. 우리 집에서 일어나는 환경오염 사례를 짚어보는 제 마음은 몹시 흡족했습니다. 평소에 잔소리 같아 참았던 말들을 마음껏 할 수 있었기 때문입니다. 부쩍 늘어난 배달 음식, 한 컵 가득 받아놓고 반만 마시고 남긴 물, 긴 샤워 시간, 자주 바뀌는 옷, 늦은 귀가를 기다리며 켜놓은 방의 불 등 말하고 보니 고쳐야 할 것투성이였습니다.

"결국 오빠와 내가 문제네. 경각심을 가져야겠어. 그래도 재활용품 분리수거하기, 음식물 안 남기고 다 먹기, 종이 아껴 쓰기, 텀블러 들고 다니기, 물 아끼기 같은 것들은 어려서부터 습관이 돼서 지금도 잘하고 있는 거 같아."

어려서부터 토의 습관을 붙인 덕분인지 아이들은 다 자라서도 무슨 문제만 있으면 같이 방법을 찾아보자고 제안해옵니다. 그러면 다 같이 모여서 자유롭게 토론하면서 해결책을 찾습니다. 이런 일들이 특별하지 않고 자연스러운 걸 보며 다시 한번 독서의 힘을 느낍니다.

《잘 가, 비닐봉지야》를 읽고 토의하다

다음은 제 수업 사례입니다. 이를 참고하여 가정에서도 아이들과 함께해보면 어떨까요?

참가자 초등학교 5학년 학생 3명(수업 6개월 차)

책 《잘 가, 비닐봉지야》(양서윤 글·이다혜 그림, 초록개구리 펴냄)

줄거리 쓰레기 섬이 되어가는 고향 발리섬을 구하기 위해 나선 멜라티 위즌의 이야기를 동화로 만든 책이다. 발리에서 서핑을 즐기던 멜라티 위즌은 해변에 가득 찬 쓰레기를 보고 문제가 심각하다는 것을 깨닫는다. 친구들과 치우기도 해보지만 해변은 다시 쓰레기로 뒤덮였다. 그중에 비닐봉지가 압도적으로 많은 것을 보고 없앨 방법을 고민하다가 함께해줄 친구들을 모으게 된다. 그리고 '잘 가, 비닐봉지야'라는 단체를 만들어 동생 이사벨과 함께 환경 운동을 시작한다.

세계적인 환경 운동가로 성장하고 있는 멜라티 위즌의 실제 이야기를 다룬 책으로 환경 문제의 심각성과 이를 해결하려면 용기와 노력이 필요하다는 사실을 알게 해주었습니다. 책을 읽고 우리 주변에서 찾을 수 있는 환경 문제를 생각해보기로 했습니다.

선생님 평소에 '이건 좀 문제야'라고 생각한 게 있었는지 말해볼까?
친구1 우리 동네 쓰레기 문제요. 길을 걷다 보면 여기저기 쓰레기가 보여요.
친구2 저는 학교 등하굣길 차들이요. 쌩쌩 달려서 너무 무서워요. 잘 살피기는 하지만 가끔 뉴스에 나오는 것처럼 사고가 날까 봐 걱정돼요. 실제로 어린 동생들이 위험한 상황에 처하는 걸 본 적도 있어요.
친구3 제가 살고 있는 아파트 주민들이 개나 고양이를 많이 키워서 시끄러워요. 밤에 들으면 무서울 때도 있어요.
선생님 세 가지 문제 상황이 나왔구나. 그중 하나를 선택해서 토의를 해볼까? 너희들은 어떤 문제를 의논하고 싶니?

아이들과 이야기를 나눈 끝에 등하굣길 안전 문제를 토의하기로 했습니다. 세 아이 모두 가장 시급히 해결해야 할 문제라는 데 동의했기 때문입니다. 먼저 원인에 대해 질문을 던져봅니다.

선생님 등하굣길을 위협하는 것들은 무엇이 있을까요?
친구 1 운전하면서 휴대폰을 보거나 통화하면서 딴짓하는 거요. 그러면 위험해요.
친구 2 횡단보도가 멀다고 무단 횡단하는 경우도 있어요.
친구 3 엄마가 운전할 때 보면 갑자기 아이가 툭 튀어나와서 깜짝 놀랐어요.

원인을 파악했으니 이제 어떻게 해결하면 좋을지 서로의 생각을 말해봅니다.

선생님 문제점을 알았으니 해결 방법을 이야기하기로 해요.
친구 1 아이들이 무단횡단을 하려고 하면 "빵빵"하고 큰소리로 위험을 알리는 경고음이 나왔으면 좋겠어요. 기술이 발달했으니까 그런 장치를 만드는 게 가능하지 않을까요? 일단 학교 주위에다가 먼저 설치해보면 좋을 거 같아요.
친구 2 등하교 때 교통안전 지킴이 같은 분이 계시면 좋을 거 같아요. 전문적으로 도와주시는 어른이 있으면 안심이 될 거 같습니다.

친구 3 운전하면서 휴대폰을 사용하거나 주의를 집중하지 않는 운전자에게 벌금을 많이 물렸으면 좋겠어요. 그러면 조심하지 않을까요?

각자가 문제 해결 방안을 말할 때 좋다, 나쁘다 하면서 곧바로 평가하지 않아야 합니다. 그래야 다양한 의견이 나올 수 있습니다. 충분히 의견을 들은 후 각 해결 방안의 장단점을 짚어보는 단계로 넘어가면 됩니다.

선생님 좋아요. 그럼 여러분이 제시한 세 가지 방법의 장단점을 하나씩 짚어볼까요? 자유롭게 각자 생각나는 대로 말해보기로 합시다.

친구 1 교통안전 지킴이를 두는 것은 안심도 되고 좋은 방법 같아요. 그런데 시행하려면 월급도 줘야 하고 예산이 필요한 일이라고 생각합니다.

친구 2 무단횡단 경고 장치 설치는 좋은 방법 같기는 한데 현실적으로 실행은 어려워 보여요. 시끄럽다고 민원이 많이 제기될 거 같아요. 예산도 많이 필요하고요.

친구 3 운전 부주의에 대해 벌금을 높이는 것은 좋은 방법이라고 생각해요. 당장 시행할 수 있는 방법은 아니지만 법으로 만들면 좋겠어요.

아이들과 토의해보면 실행하기 어려운 것들이 있습니다. 위의 사례처럼 정부 예산이나 법 제정이 필요한 경우도 있거든요. 그럴 때는 그다음으로 개인이 당장 실천할 수 있는 방법은 없는지를 이야기 나누어봅니다.

선생님 그렇군요. 살펴보니 방법마다 장단점이 있어요. 그럼 당장 우리가 할 수 있는 일은 무엇인지 생각해보기로 해요.

친구 1 파란 불이더라도 횡단보도를 건널 때는 양옆을 잘 확인해야 해요.

친구 2 자동차가 있는지 항상 살피고 걸어 다녀요. 어른들은 운전할 때 신호를 잘 지키고 어린이가 지나가는지 정신을 집중해야 해요. 아이들이 많이 다니는 길은 일단 멈추고 주위를 살핀 다음 지나가는 것도 좋겠어요.

친구 3 학교 주변 도로에 차를 세우지 말아야 해요. 시야를 가려서 차가 오는지 모를 때가 있어요. 부모님이나 학원 차량은 따로 세우는 곳을 마련하면 좋겠어요.

선생님 생각을 나누어보니 여러 가지 방법이 있다는 것을 알겠어요. 당장 할 수 있는 것부터 실천해보기로 해요. 오늘 토의는 이것으로 마치겠습니다.

이상 토의 진행에 참고할 부분만 요약하여 정리해보았습니다. 초등 중학년 이상만 되면 충분히 함께할 수 있고 그보다 어려도 괜찮습니다. 토의 경험이 풍부한 아이라면 진행도 할 수 있어요. 부모님은 이런저런 주제로 이야기를 나눌 수 있게끔 분위기를 이끌어주시면 됩니다.

4-6
'틀림'과 '다름'을 배운다

토론은 '다름'을 이해하는 활동이다

책을 읽고 난 후 혼자 생각을 정리하는 것도 좋지만 다른 사람과 생각을 나누는 것이 몇 배 더 효과가 있습니다. 토론을 하다 보면 승부욕이 발동하여 열심히 자기주장을 펼치는 경우가 있습니다. 아이들이 승부에 집착하거나 졌다는 생각에 화를 내거나 울 때 저는 다시금 토론의 목적을 상기시킵니다. 우리가 왜 토론을 하고 있으며 여기서 중요한 것은 무엇인지를 묻습니다.

토론의 목적은 소통이라고 생각합니다. 나와 다른 생각을 받아들이고 공감하는 연습인 것이지요. 그래서 토론에서 가장 중요한 것은 잘 듣기, 즉 경청이라고 아이들에게 말해줍니다. 상대의 생각을 잘 들어야 내 생각을 잘 전달할 수 있습니다. 말싸움이 일어나는 이유는 나는 맞고 너는 틀리다는 생각 때문이 아닐까요? 자기와 다른 생각을 받아들이는 데는 연습이 필요합니다. 상대방이 좀 더 논리적이고 타당하다면 거기에 나를 맞출 수도 있겠지요. 토론을 통해 아이들 생각이 좀 더 깊어지고 넓어지는 경험을 할 수 있으면 좋겠습니다.

독서 토론 예시

아이와 우주에 관한 책을 읽는다면 '우주 개발은 필요한가?'를 주제로 토론해보는 것도 좋습니다. 우주 개발은 돈이 많이 드는 사업입니다. 그래도 계속하는 것이 인류 발전에 도움이 된다고 생각하는 쪽이 있습니다. 그러나 그 돈으로 가난하고 힘든 사람을 돕는 게 더 낫다고 생각하는 사람도 있겠지요. 찬반 토론을 해볼 만합니다.

경제 관련 책이라면 용돈을 주제로 토론해볼 수 있습니다. 돈 관리법을 배울 수 있어 좋다는 쪽과 불필요한 지출을 하거나(불량식품 사 먹기, 게임에 사용) 노력 없이 얻어지는 돈이라는 인식을 줄 수 있기 때문에 반대한다는 쪽으로 의견이 나뉠 수 있습니다. 아이들은 토론을 통해서 한 가지 사안에 대해 양면을 모두 생각해보게 됩니다. 다음은 고전 문학 작품을 읽고 아이들과 주제 토론을 한 사례입니다.

참가자 초등 6학년 3명(사회자와 찬성, 반대 측 각 1명)

책 고전 소설《박씨전》

줄거리 부모들의 뜻으로 박 씨는 이시백과 결혼한다. 못생긴 용모의 박 씨를 본 남편 이시백은 실망하여 가까이하지 않는다. 박 씨는 신기한 재주로 남편을 장원 급제시키고 시댁을 부유하게 만들지만 계속 외면당한다. 그러던 어느 날 박 씨의 아버지인 박 처사가 찾아와 액운이 끝났다며 박 씨의 못생긴 허물을 벗게 하니 아름다운 여인으로 환골탈태한다. 남편은 어여뻐진 박 씨에게 눈물로 잘못을 사과하고 부부의 정을 쌓게 된다. 이후 박 씨는 뛰어난 재주로 청나라의 침략을 물리치고 임금님에게 공을 인정받아 정렬부인이라는 칭호를 받고 행복한 여생을 보낸다.

이 책을 읽고 여성 영웅에 관해 이야기를 나누던 중 한 아이가 불쑥 이런 말을 합니다.

"선생님, 결국 여자는 예뻐야 한다는 이야기네요. 예뻐야 능력도 인정받고 사랑도 받는다는 생각이 들게 하는 소설이에요. 박 씨가 끝까지 아름다운 용모가 되지 않았다면 남편은 박 씨를 사랑하고 그 능력에 감사했을까요?"

제가 꺼내고 싶었던 주제를 먼저 말해주다니 꾸준히 비판적인 시각을 길러준 보람이 있다는 생각이 듭니다. 뒤를 이어 다른 아이가 공감한다는 눈빛으로 말을 이어줍니다.

"맞아. 나도 읽으면서 그런 생각이 들었어. 고전 소설에서도 이런데 요즘 시대에 외모에 신경 쓰는 건 당연한 거 아닌가? 나도 쌍꺼풀 수술하고 싶은데 엄마가 반대해서 속상해."

외모 지상주의에 대해 이런저런 이야기를 나누다가 성형으로 주제를 바꾸어보기로 했습니다. 다음의 예시는 수업 현장에서 이루어진 토론이고 참여자는 어느 정도 토론 경험이 있는 아이들입니다. 가정에서는 다소 무리일 수 있으나 책을 읽고 이런 주제로 이렇게 확장해서 토론을 할 수 있다고 하는 정도로 봐주시면 되겠습니다. 아이들과는 자유롭게 토론하는 것만으로도 큰 효과가 있습니다. 긴 내용이라 편집하여 필요한 부분만 인용했습니다.

논제 미용 성형 수술은 바람직한가?
용어 정의 '성형 수술'이란 상해 또는 선천적 기형으로 인한 인체의 변형이나 미관상 보기 흉한 신체의 부분을 외과적으로 교정, 회복시키는 수술을 말한다. '미용 성형 수술'은 아름다운 용모를 가꾸기 위하여 실시하는 외과적 처치이다.

쟁점 1 미용 성형은 삶의 질을 높이는가?

쟁점 2 미용 성형은 안전한가?

사회자 오늘 토론 논제는 '미용 성형 수술은 바람직한가?' 입니다. 먼저 찬성 측에서 입론해주세요.

찬성 측 저는 미용 성형 수술이 바람직하다고 생각합니다. 삶의 질을 높여주기 때문입니다. 외모가 예쁘면 유리한 점이 많습니다. 취업 시 면접에서도 외모로 먼저 1차 평가를 받고 여기에서 통과가 돼야 내가 가진 장점을 보여줄 기회를 얻을 수 있습니다.

　기업 인사 담당자 776명을 대상으로 한 '채용과 외모'에 관한 설문조사 결과를 보면 66.1%의 기업이 외모가 채용 평가에 영향을 미친다고 답했습니다. 아름다워지고 싶은 것은 인간의 본성입니다. 성형 수술을 해서 외모를 아름답게 가꾸면 자신감이 생기고 사회생활이 즐거워지기 때문에 삶의 질이 올라간다고 생각합니다.

반대 측 저는 미용 성형 수술이 바람직하지 않다고 생각합니다. 그런다고 삶의 질이 높여지지 않기 때문입니다. 우리 사회는 외모 지상주의가 강합니다. 취업, 연애, 결혼 등에 큰 영향을 주기 때문에 외모를 가꾸는 데에 많은 시간과 돈을 씁니다. 그러나 행복은 마음에 달려있습니다. 내

면의 아름다움은 외형적인 아름다움에 비할 게 아니라고 생각합니다.

외모에 대한 불만족은 끝이 없습니다. 각자 기준도 다릅니다. 거기에 맞추느라 돈과 시간을 낭비하는 것보다 실력을 기르고 마음을 가꾸는 일에 더 집중해야 한다고 봅니다. 외모가 뛰어나지 않아도 실력이 있으면 사람들은 알아줍니다. 연예인 중에서도 외모보다는 실력으로 인정받는 경우를 볼 수 있습니다. (쟁점 2는 생략하겠습니다.)

사회자 양측 입장 잘 들었습니다. 잠시 반론을 준비할 시간을 드리겠습니다. (5분 경과 후) 반대 측 먼저 하겠습니다. 반론해주세요.

반대 측 미용 성형이 자신감을 주어서 생활이 즐겁고 편해질 수는 있습니다. 그러나 오래 가지 못합니다. 계속해서 외모에 신경을 쓰게 되고 다른 곳이 마음에 안 든다며 또 수술을 합니다. 외적인 것을 보기 좋게 만들고 싶은 마음은 말씀하신 것처럼 인간의 본성이고 쉽게 충족되지 않아서 끝없이 매달리게 되기 때문입니다. 외모로만 평가받았다가 실력이 못 따라가거나 성격이 안 좋아서 실망을 주게 되면 더 큰 문제라고 생각합니다. 외모를 고치기 위해 수술에 매달릴 시간에 자신의 능력을 키우는 편이 현명합니다.

사회자 반대 측 의견 잘 들었습니다. 이번에는 찬성 측에서 말씀해주십시오.

찬성 측 아무리 뛰어난 실력과 좋은 성격을 가지고 있어도 보여줄 기회조차 얻지 못한다면 의미가 없습니다. 외모의 단점을 보완하여 자신감이 업그레이드된다면 실력을 키우고 싶은 마음도 생기고 사람들로부터 인정받으니 성격도 좋아지는 효과가 있습니다.

사회자 양측 반론 잘 들었습니다. 이제 최종 정리 발언을 준비하여 주십시오. 잠시 시간을 드리겠습니다. (5분 경과) 지금부터 최종 정리 발언을 하겠습니다. 찬성 측에서 먼저 해주십시오.

찬성 측 "이왕이면 다홍치마"라는 말이 있습니다. 미용 성형으로 외모를 보완하여 자신감이 높아진다면 삶의 질도 올라가게 됩니다. 능력 있고 성격도 좋은데 외모까지 빛을 낸다면 더 바람직한 삶이 된다고 생각합니다. 성형 중독에 빠질 정도로 지나치지만 않는다면 미용 성형은 바람직하다고 생각합니다.

반대 측 인간의 욕심은 끝이 없습니다. 성형 수술로 바뀐 나의 외모로 인정받기보다는 실력을 쌓고 내면을 아름답게 가꾸며 건강하게 살아가는 것이 바람직하다고 생각합니다. 태생적 기형으로 보기 흉하거나 생활에 불편을 주는 경우가 아니라면 미용 성형은 바람직하지 않다고 생각합니다.

사회자 양측 최종 정리 발언까지 잘 들었습니다. 이상 토론을 마치겠습니다. 양측 서로 인사해주시기 바랍니다.

사회 지도자를 많이 배출한 미국 케네디가는 독서와 토론으로 자녀들을 명연설가로 키웠다고 하지요. 존 F. 케네디 대통령의 어머니 로즈 여사는 자녀들에게 독서 목록을 만들어 매일 책을 읽게 하고 신문 기사를 읽고 함께 토론했다고 합니다. 케네디는 어린 시절부터 우화나 모험담, 위인전을 즐겨 읽는 독서가였다고 합니다. 위인들의 삶을 보면 가정에서 독서와 토론, 대화를 통한 소통을 중요시했다는 걸 알 수 있습니다. 토론을 많이 해본 아이들은 말도 잘합니다. 자신의 생각을 논리적으로 잘 표현해요. 말을 조리 있게 잘하는 아이로 키우고 싶다면 토론을 자주 하게 해주세요.

틀을 만들어라

토론일까, 잔소리일까?

학부모 상담을 하고 얼마 지나지 않아 수업에 온 아이들이 불평 어린 말들을 쏟아냅니다.

"선생님, 부모님 좀 말려주세요. 저 책 읽고 집에서 토론하기 싫어요. 안 그래도 잔소리를 많이 하시는데 이제는 더 하세요. 말만 독서 토론이지 결국 부모님이 하시고 싶은 말만 하고, 잔소리 듣느라 짜증만 나요. 제발 하지 말라고 해주세요."

아이가 책을 좋아하게 만들고 가족 간 소통의 일환으로 토의와 토론을 권했는데 이런 역효과가 났습니다. 어떤 상황인지 보지 않아도 알 수 있습니다. 저도 초기에 그랬기 때문입니다. 처음 독서 지도법을 배우고 나서 집에서 아이랑 독서 토론을 계획했던 시기였어요. 아이와 매주 1회 1시간씩 식탁에 모여 책 이야기를 하기로 했지요. 공부 얘기가 아니라 하니 두 번 정도까지 기대하는 얼굴이었습니다. 하지만 점점 목소리가 작아지다 나중에는 듣기만 하더니 불만을 토해냅니다. 이렇게 할 거면 안 하고 싶다고 해요. 엄마 하고 싶은 얘기만 많이 하는데 평소 잔소리 듣는 시간과 뭐가 다르냐는 것이었습니다.

그럴 리가 없다는 제 말에 아이는 그렇다면 녹음을 해서 확인하자고 합니다. 나중에 들어보니 아이 말이 맞았습니다. 제가 20분 얘기하면 아이는 3분쯤 이야기를 하고 제가 세 번 말하면 아이는 한 번 정도 말을 하고 있었습니다. 그 내용도 거의 훈계조의 잔소리였습니다. 얼마나 미안하고 부끄러웠는지 모릅니다. 재미있을 거라고, 즐겁게 서로 잘해보자고 해놓고 제 생각만 주입하고 있었던 겁니다.

예를 들어 볼까요? 경제 책을 읽고 아이와 '현명한 소비 습관을 기르는 방법'에 대해 이야기를 합니다. 먼저 아이에게 일주일 동안 2,000원이 용돈으로 생긴다면 뭘 할 건지 물어봅니다. 아이는 하굣길에 학교 앞 문구점에서 과자와 음료수를 사 먹겠다고 합니다. 저축은커녕 불량식품을 사 먹겠다니 속상하고 걱정도 됩니다.

저는 원하는 답이 나올 때까지 계속 질문을 하다가 지치면 정해진 답을 말하고 훈계를 시작하지요. 그러면서도 제가 그러고 있다는 사실을 인지 못 합니다. 이런 상황이 두세 번 반복되면 아이는 입을 닫습니다. 말을 하면 엄마의 잔소리 아닌 잔소리가 더 길어질 터이니 그냥 듣는 것이 편합니다. 이러면 가족 독서 토론은 아무 의미가 없습니다.

말하는 순서와 시간을 정하자

문제를 알았으니 수정을 하면 되겠지요. 일단 '열정 내려놓기'부터 할까요? 아이를 한 번에 성장시키는 방법은 없다는 사실을 다시 한번 상기해봅니다. 아이를 잘 키우고 싶다는 마음은 소중하지만 넘치는 열정에 질식당하지 않으려면 자제력이 필요해요. 크게 심호흡부터 하고 시작해보세요. 그러고 나서 1명씩 돌아가며 말하는 순서를 정합니다. 교실에서 아이들과 토의·토론을 할 때 발언 순서를 정하는 것은 필수입니다. 그러지 않으면 말하는 사람만 계속 말하게 됩니다. 소심한 아이는 계속 듣기만 하게 되지요. 집에서도 마찬가지입니다. 순서를 정하지 않으면 부모가 말을 독점할 확률이 높습니다.

순서를 정했으면 말하는 시간을 정합니다. 보통 한 번에

2분을 넘지 않도록 하는 게 좋습니다. 처음에는 그 시간이 어느 정도인지 감이 오질 않습니다. 그럴 때는 타이머를 켜놓고 해봅니다. 2분 동안 자기 생각을 조리 있게 말하는 것도 쉬운 일은 아닙니다. 어른도 진땀이 날 때가 많습니다. 시간이 지나면 중간에 끊고 다음 사람에게 발언권이 넘어가도록 규칙을 정합니다. 시간이 남을 수도 있습니다. 그러면 조용히 시간이 되기를 기다립니다. 때에 따라 2분이라는 시간이 길게 느껴지기도 하고 너무 짧게 느껴지기도 할 것입니다.

아이와 함께 틀을 만들자

토의·토론을 할 때는 '틀'을 만드는 것이 필요합니다. 여기서 말하는 틀이란 말하는 순서와 시간을 정하는 것입니다. 참여하는 모든 사람이 공평한 상황에서 자기 생각을 눈치 보지 않고 말할 수 있도록 해야 하기 때문이지요. 이 틀을 만들 때도 아이와 의논해야 합니다. 그래야 자발적으로 틀을 지키며 참여하게 된답니다. 이런 토의·토론을 하려면 초등 3, 4학년은 돼야 합니다. 그 이전에는 그냥 책 속 인물이나 상황, 내용에 관하여 대화를 나누는 것이 좋습니다. 주인공은 이 상황에서 어떤 기분을 느꼈을까? 나라면 어떻게 했을까? 하면서 생각을 나누어

보는 것이지요. 그러다 학년이 올라가면 수준을 높여서 주제 토의·토론을 해보면 좋겠습니다.

부모가 토론 방법을 잘 알고 말을 잘하면 좋지만 꼭 그래야 하는 것은 아닙니다. 오히려 잘해야겠다는 욕심을 버려야 즐거운 대화 시간이 될 수 있습니다. 평소에 아이가 말을 잘하지 않는다면 아이가 좋아하는 주제로 '1분 말하기'를 해보아도 좋은데요. 예를 들면 아이가 좋아하는 게임 캐릭터 소개하기, 친한 친구에 대해 알려주기, 오늘 학교 급식 말해보기 등이 있겠습니다. 엄마도 같이하면 아이가 더 신나서 말할 겁니다. 그러다가 익숙해지면 시간을 늘려서 '3분 말하기'를 하는 식으로 연습합니다.

글쓰기를 싫어하는 아이들

"생각하기 귀찮아요"

아이가 책은 잘 읽는데 글쓰기가 안 된다며 문의하는 부모님을 자주 만납니다. 저는 매일 아이들과 글쓰기 씨름을 합니다. 아이들은 덜 쓰려고 하고 저는 한 줄이라도 더 쓰게 하려고 싸워요. 아이들은 수업 전에 먼저 물어봅니다.

"선생님, 오늘은 글쓰기 있어요? 몇 줄 써요? 원고지는 아니죠?"

원고지에 쓰면 분량도 맞춰야 하고 띄어쓰기도 신경 써야 하니 미리 확인하는 거예요.

"책을 읽고 나서 토론하고 글로 정리해야 완전히 자기 것이 된다고 선생님이 항상 말했을 텐데?"

"생각을 해야 하잖아요. 귀찮아서 쓰기 싫어요."

아이가 쓴 글을 보면 책 수준이 아이에게 적당했는지, 이해는 잘하고 있는지, 생각머리는 잘 자라고 있는지를 알 수 있습니다. 독서와 글쓰기는 바늘과 실처럼 꼭 함께 있어야 하는 짝꿍입니다.

자주 써본 친구들은 조금 낫습니다. 그러나 안 해본 아이들은 글쓰기 시간만 되면 인상이 달라집니다. "뭘 써야 할지 모르겠어요." 하다가 나중에는 "생각하기 귀찮아서 쓰기 싫어요." 합니다. "손이 아파요." "글 쓸 기분이 아니에요." "학교에서 하루 종일 썼어요." 등 하기 싫은 이유도 많습니다. "알겠습니다." 하고 그냥 쓰는 친구들은 손에 꼽을 정도로 드물어요. 아이들은 왜 이렇게 글 쓰는 것을 싫어할까요? 어떻게 하면 글쓰기가 어렵지 않고 재미있는 활동이 되도록 할 수 있을까요? 다음은 제가 현장에서 사용하는 방법 중 몇 가지입니다.

공감부터 해주자

글쓰기가 싫어 이런저런 핑계를 대는 아이들에게 먼저 공감을 표현합니다. 아이의 마음을 무시하고 무조건 쓰라고 했을 때 아이들이 써낸 글의 질은 형편없었습니다. 단 몇 줄을 쓰더라도 자발적으로 제대로 쓰는 것이 중요합니다. 그러려면 먼저 아이들의 마음을 열어야 합니다. '우리 엄마가 내 마음을 이해해주는구나.' 하고 느끼게 해줘야 합니다.

저는 아이에게 이렇게 이야기해줍니다.

"지금은 글쓰기가 너무 하기 싫구나. 하루 종일 다른 공부하느라 힘들었는데 글까지 쓰려니까 짜증 나지? 그 마음 선생님도 충분히 이해가 돼."

아이의 마음을 어느 정도 헤아려주었다면 그다음으로 글쓰기의 필요성에 관해 설명해주세요. 사람은 직접 손으로 쓸 때 그 내용을 좀 더 오래 기억한다고 합니다. 글을 쓰면서 정리된 생각이 우리의 뇌에 깊이 각인되는 것입니다. 책 읽기를 100% 내 것으로 만들려면 글쓰기가 필요합니다. 이런 식으로 납득이 가도록 충분히 설명해주면 아이들은 잘 따라옵니다.

아이가 글을 써야 하는 이유를 이해했다면 이제 동기를 부여해주세요. 싫은 마음 때문에 실력 발휘가 잘 안 되고 있다는 점을 알려주세요. 이전에 쓴 글이 얼마나 훌륭했는지 말해주며 칭찬합니다. 이쯤 되면 그렇게도 글쓰기가 싫다던 아이들 마음이 반쯤 돌아옵니다. 사실 아이들도 글쓰기가 중요하다는 걸 알고 있습니다. 단지 그런 자기를 이해받고 싶은 마음이 더 큰 것이지요.

반쯤 마음이 돌아온 아이라 할지라도 넘어야 할 산은 남아 있습니다. 이번엔 글의 분량을 따지면서 마지막 버티기를 합니다. 최대한 적게 쓰고 싶은 것이죠. 제가 자주 사용하는 방법은 나이 숫자만큼의 분량이라도 쓰게 하는 겁니다. 예를 들어 초등학교 4학년이라면 보통 열한 살이니까 열한 줄을 쓰게 합니다. 그런데 이마저도 아이들은 꼼수를 씁니다. 4학년이니 네 줄만 쓰겠다는 겁니다. 이럴 때 저는 이렇게 말하지요.

"그럼 일곱 살 유치원생은 몇 줄을 써야 할까?"

아이들은 이 말에 까르르 웃으며 연필을 줍니다. 이렇게 아이의 마음을 헤아려주고 글쓰기를 해야 하는 이유를 설명해준 다음, 동기를 부여하고 칭찬으로 이끌어주세요.

뭘 쓸지 모를 때는 말로 하자

뭘 써야 할지 몰라서 못 쓰겠다는 아이에게는 다르게 접근해야 합니다. 아이는 종이와 연필을 들고 막막해합니다. 단 한 줄도 진도를 못 나가고 있는 아이도 있고 한 줄 쓰고 가만히 있는 친구도 있습니다. 그럴 때는 질문을 던지고 아이의 대답을 글로 옮기도록 해봅니다. 자기가 무슨 대답을 했는지 까먹었다고 할 수도 있습니다. 그러면 다시 질문을 하고 이번에는 대답을 녹음해서 들려줍니다. 독후감이라면 책을 읽고 토론한 내용을 정리해보도록 합니다. 생활문, 설명문, 논설문, 편지 쓰기, 일기 같은 글은 쓰려는 주제에 맞는 질문으로 배경지식을 상기시켜줍니다. 형식에 대한 지도도 필요합니다. 어떻게 써야 할지 몰라서 시작도 못 하는 경우가 있기 때문에 써야 할 글의 유형을 알고 있는지부터 파악합니다.

예를 들어 초등 고학년이 쓰는 논설문은 서론, 본론, 결론의 구조를 갖춰야 합니다. 서론에는 문제 상황과 문제 제기, 자신의 주장을 씁니다. 본론에는 주장을 논리적으로 뒷받침할 논거를 자세한 설명과 함께 제시해야 해요. 결론에는 자신의 주장을 한 번 더 강조하며 마무리하는 내용을 써야 합니다. 설명문이라면 정보 전달이 목적이므로 자기의 느낌이나 감정, 생각을 써서는 안 되겠지요. 이미 아이들이 학교 수업 시간에 배운 내용입니다. 교과서를 펼쳐서 한 번 더 상기시켜주세요.

뭘 쓸지는 정했는데 어떻게 시작해야 할지 감을 못 잡겠다면 본보기가 될 글을 필사하게 해보세요. 따라 쓰면서 흐름을 살피고 그 방식대로 써보도록 합니다. 이렇게 몇 번 반복하면 다음에는 자기 힘으로 몇 줄이라도 쓰게 됩니다.

초보 아이에게 지적은 금물

아이가 다 쓴 글을 과도하게 수정하는 경우가 있습니다. 맞춤법 틀린 걸 찾아내고 어법이 맞지 않은 걸 표시하고 흐름이 어색한 부분을 하나하나 빨간 펜으로 지적해요. 종잇장이 온통 붉어질 정도로 말입니다. 이런 경험을 몇 번 하고 나면 아이는 이제 글을 못 씁니다. 틀리지 않게 잘 써야 한다는 마음에 글이 꽉 막혀서 빠져나오지를 못합니다. 쓰고 나면 자꾸 지적을 당하니 심리적으로 거부하는 것입니다.

겉으로는 손이 아프다거나 생각이 안 난다거나 쓸 기분이 아니라고 하지만 속을 들여다보면 지적에 대한 두려움 때문인 경우가 많습니다. 이럴 때는 먼저 아이를 안심시켜야 합니다. 맞춤법도 띄어쓰기도 신경 쓰지 말고 평소에 하는 대로 쓰게 하세요. 당연히 지적도 하지 말아야 합니다. 그래야 글이 써집니다. 교정은 나중에 해도 안 늦습니다. 어서 빨리 완벽한 글을 썼으면 하는 부모의 조급한 마음이 아이 글에 빨간 줄을 남기고 아이를 글쓰기로부터 멀어지게 합니다. 글은 몇 번 썼다고 해서 금방 좋아지지 않습니다. 시간과 노력이 필요합니다.

실제로 1년이 지나도 별 성과를 보이지 않다가 어느 날 갑자기 폭발적인 성장을 보여주는 경우도 있습니다. 갑자기 학교 글쓰기 대회에서 상을 받는다거나 담임 선생님이 칭찬의 메시지를 보내옵니다. 그럴 때면 저나 아이, 학부모 모두 깜짝 놀라서 환호성을 지릅니다. 예상치 못한 성과는 아이에게 용기를 줍니다. 글쓰기에 재미를 느낀 아이의 실력은 점점 더 성장합니다. 그러니 지금 당장 글쓰기 실력이 늘지 않는다고 걱정할 필요 없습니다. 아이를 믿고 느긋한 마음으로 지켜봐 주세요.

4-9

글쓰기 지옥에서 탈출하는 일곱 가지 방법

글쓰기를 하면 좋은 점이 뭘까?

아이들에게 글쓰기가 좋은 점은 무엇일까요? 오랫동안 글쓰기 강의를 해온 권귀헌 작가는 《초등 글쓰기 비밀 수업》에서 다음 세 가지를 꼽습니다. 첫째, 머릿속 생각을 정확하게 옮길 수 있는 탄탄한 문장력을 가집니다. 둘째, 주장하는 글쓰기, 설명하는 글쓰기 등 논리적인 글쓰기에 도움을 줍니다. 셋째, 놀라운 상상력과 부드러운 감수성, 날카로운 질문 능력을 가지게 됩니다.

글을 쓰는 과정을 생각하면 자연스럽게 고개가 끄덕여집니다. 읽기, 듣기를 통해 들어온 정보들은 생각하기를 거쳐 쓰기, 말하기를 통해 다른 사람에게 전달됩니다. 이런 과정에서 아이들은 생각하는 힘을 기르게 되는 것이지요. 글쓰기를 꾸준히 하면 공부 실력이 늘 수밖에 없습니다. 독서를 통해 쌓은 배경지식이 공부에 도움이 되고 스스로 생각을 정리한 경험이 공부머리를 길러주는 것입니다. 부모님들도 이러한 글쓰기의 장점을 알고 있습니다. 문제는 글쓰기 싫어하는 아이들을 어떻게 지도하면 좋을까 하는 점이겠지요. 다음 놀이로 흥미를 돋우어보는 것도 좋은 방법입니다.

글쓰기 지옥에서 탈출하는 일곱 가지 방법

[1] **어휘력을 기르는 놀이 활동** 끝말잇기, 이행시, 삼행시 짓기, 속담 설명하고 말하기, 단어 설명하고 맞히기, 스무고개로 단어 맞추기 등을 매일 하면 좋습니다. 저는 아이가 어릴 때 손을 잡고 길을 걸어가며 이런 놀이 활동을 매일 했습니다. 이때 아이가 평소 잘 접하지 못하는 단어들을 들려주면 더 좋겠지요. 이 놀이가 재미있었는지 아이가 먼저 하자고 했던 기억이 있습니다. 아이가 자라면서는 두 글자, 세 글자, 네 글자로 이루어진 단어만 말하기 등 난이도를 높여가면서 어휘력 늘리기 놀이를 했습니다.

[2] **백지장에 내용 이어 쓰기** 커다란 백지장을 준비하고 그 주위에 온 가족이 둘러앉았습니다. 한 사람이 첫 문장을 쓰면 다음 사람이 이어서 새로운 문장을 쓰는 식으로 이야기를 만들어요. 이렇게 여러 사람이 돌아가면서 글을 써서 한 편의 이야기를 완성하는 활동입니다.

아이들은 자유롭게 상상할 수 있고 다른 사람이 쓴 글에서 창의적인 생각을 해낼 수 있습니다. 이야기가 계속 이어질 수 있기에 시간제한을 두고 합니다. 조금 익숙해졌다 싶으면 앞으로 만들 이야기의 등장인물, 배경, 사건 정도를 미리 정하고 시작해보세요. 그러면 이야기가 곁길로 새지 않으면서 좀 더 알찬 글쓰기가 됩니다.

[3] **접착 메모지(포스트잇) 활용하기** 다양한 색과 모양의 메모지에 글을 쓰는 활동입니다. 그 정도 분량은 아이들도 글쓰기에 부담이 없습니다. 한두 문장씩 써서 벽면이나 노트에 붙이고 읽어봅니다. 이렇게 짧은 글이 익숙해지면 다음에 긴 글로 옮겨가기가 수월합니다.

저는 이 활용을 학교 수업에서 자주 사용합니다. 글쓰기 수준과 관심이 다들 달라서 다 함께 일괄적으로 긴 글 쓰기를 하기가 어렵기 때문입니다. 보통 절반 이상 아이들이 아무것도 쓰지 않거나 한 줄 쓰기도 힘들어하는 경우가 많습니다. 이럴 때 메모지에 써보자고 하면 반응이 좋습니다. 키워드 단어를 주고 써보라고 합니다. 여러 장 써도 좋으니 재미있게 해보라고 하면 경쟁심이 생기는지 서로들 많이 써서 붙이려고 합니다.

[4] **가족 교환 일기 쓰기** 가족이 돌아가며 교환 일기를 써봅니다. 서로의 생각을 읽을 수 있고 똑같이 경험한 일에 대해서도 각자 생각이 다를 수도 있다는 것을 자연스럽게 알게 됩니다. 예쁘고 튼튼한 공책을 마련하여 순번을 정해서 분량에 상관없이 글을 쓰는 겁니다. 서로에게 하고 싶은 말을 써도 좋습니다. 저는 아이와 중학생 때 교환 일기를 썼는데 사춘기 아이의 마음도 알고 엄마가 해주고 싶은 말을 잔소리로 들리지 않게 전할 수 있어서 좋았습니다.

[5] **관심 있는 주제를 글로 쓰기** 아이들에게 관심 있는 주제를 글로 써보게 했더니 평소 글쓰기에 시큰둥하던 아이들이 장문의 글을 쓴 걸 보고 놀랐던 적이 많습니다. 게임 캐릭터 소개, 자동차 이야기, 무기 이야기, 연예인 이야기, 전쟁 이야기 등 관심 분야가 다양합니다. 아는 것이 많아서 쓰다 보면 종이가 부족하기도 합니다. 아이들은 쓰

고 나서 이렇게나 많이 썼나 싶어 자기도 놀랍니다. "나이 정도는 쓰는 사람이야!" 하며 으스대기도 하지요.

[6] **일기쓰기** 일기가 글쓰기 실력을 기르는 데 얼마나 큰 힘이 되는지는 너무나 잘 알고 있지요. 그런데 아이들은 일기를 쓰라고 하면 하루 일과가 매일 똑같은데 뭘 쓰냐고 합니다. 아이들이 재미있게 일기를 쓰게 할 방법은 없을까요?

요일별로 주제를 정해놓고 쓰면 뭘 쓰냐는 말이 쏙 들어갑니다. 예를 들면 월요일은 학교에서 생긴 일, 화요일은 학원에서 있었던 일, 수요일은 뉴스 기사 보고 생각한 것, 목요일은 내가 좋아하는 것, 금요일은 집에서 있었던 일, 토요일은 독서 일기, 일요일은 유튜브 또는 TV에서 본 것을 주제로 쓰는 거예요. 아이가 무엇에 관심을 두는지 이야기하면서 함께 정해보도록 하세요.

[7] **한 줄씩 늘려 쓰기** 처음부터 분량을 많이 쓰기는 어렵습니다. 이때 아주 짧은 글부터 조금씩 늘려나가는 방법이 좋습니다. 한 줄에서 시작해서 매주 한 줄씩 늘려가게 해보세요. 한 줄이었던 분량은 3개월이 지나면 열 줄이 됩니다.

줄을 늘려나가다가 아이 나이만큼 되면 그 정도 분량을 최저선으로 정합니다. 다음부터는 딱 그만큼만 써도 되는 거예요. 꾸준히 분량을 늘려왔기 때문에 아이도 큰 저항 없이 글쓰기를 하게 될 것입니다. 다만 글씨를 키우거나 자주 줄을 바꾸는 식의 꼼수를 쓸 수 있기에 규칙을 정해야 합니다.

이들 중 아이에게 효과적인 방법을 찾아서 적용해보세요. 이런저런 시도를 계속하다 보면 더 나은 방법을 찾을 수도 있습니다.

5

책 읽는 아이의 미래는 밝다

5-1

누가 시키지 않아도 스스로 읽어요

어떻게 하면 아이들 스스로 책을 읽게 할 수 있을까요? 그런 비법이 뚝딱하고 나온다면 얼마나 좋을까요? 아이마다 상황, 기질, 특성, 가정 배경, 독서 이력이 달라서 어느 한 가지 방법을 적용하면 된다고 말씀드리기가 어렵습니다. 그러나 오랜 경험상 아이의 변화를 불러온 중요한 요인은 공통적으로 공감과 관심이었습니다. 여기 스스로 책을 읽기 시작한 두 아이의 이야기를 소개합니다.

마음을 안아주었던 지연이

지연이는 태권도를 좋아하는 초등학교 5학년 아이입니다. 항상 시간이 없어서 책을 못 읽는다고 말하는 친구인데요. 실제로도 그랬습니다. 방과 후 태권도 수업까지 마치고 집에 들어가면 밤 9시고, 엄마도 퇴근이 늦어 함께 책 읽을 시간이 부족했어요. 지연이 어머니는 오랜 시간 사회생활을 통해 독서와 글쓰기의 중요성을 깨닫고 아이에게 그 힘을 길러주고 싶어 하셨습니다. 저는 가정에서 아이가 책 읽을 시간을 확보해달라고 했지만 엄마 말은 잘 안 듣는다고 하면서 저에게 아이와 의논해달라고 하셨습니다.

저는 지연이와 독서 시간 만들기를 위해 노력했습니다. 하루 20분씩이라도 책 읽을 시간을 짜려고 했지만 그럴 만한 여유가 보이질 않았습니다. 지연이 일과표는 빠듯하게 짜여 있었고 쉬는 시간에는 하고 싶은 일이 있다며 책 읽기는 무조건 안 하려고 했습니다. 집에서 할 수 없다면 저와 있을 때라도 하자면서 20분씩 책을 읽었습니다. 그런데 어느 순간부터 지연이가 읽던 책을 챙겨 갔습니다. 지연이와 이런 대화를 나누었습니다.

선생님 지연아, 책 가져갈 거야? 어차피 집에 가면 못 읽는다고 하지 않았니?

지연 내일부터 아침에 달리기하려고 7시에 일어나거든요. 그다음에 10분 정도 책 읽을 시간을 만들기로 했어요.

선생님 갑자기 왜 그런 마음이 들었니?

지연 지난번 수업 때 제가 엄마한테 혼나고 와서 계속 울었는데 선생님이 뭐라 안 하시고 그냥 안아주셨잖아요. 울다가 그치니까 선생님이 책을 읽어주시는데 이상하게 마음이 가라앉고 편안해졌어요. 그래서 제가 좀 미안하기도 하고 해서 아침에 잠깐씩이라고 읽으려고요. 선생님 말씀처럼 10분씩만 읽어도 일주일에 한 권은 읽을 수 있겠죠?

아이의 말을 듣는 순간 눈물이 핑 도는 것 같았습니다. 지난번 안아주었던 일이 아이에게 큰 위로가 되었나 봅니다. 평소에 공감을 중요하게 생각한 저의 교육 방침이 자랑스럽게 느껴졌습니다.

선생님 오오, 기대된다. 지연이가 한번 맘먹으면 꼭 하는 성격이니까 다음 주엔 완독하고 와서 나한테 자랑하겠지? 일주일 동안 두근두근하겠는걸.

그렇게 지연이는 스스로 책을 읽기 시작했습니다. 아이 마음을 정확히 알 수는 없지만 달라진 건 분명해 보였습니다. 아이를 변하게 하는 건 잔소리가 아니라 아이를 이해하는 마음이라는 저의 생각이 단단해지는 경험이었습니다.

판타지 소설가를 꿈꾸게 된 준석이

초등학교 6학년인 준석이는 책 읽기 수업을 좋아합니다. 인사하는 목소리부터 다릅니다.

"선생님, 책 다 읽어 왔어요. 학교 독서록에 기록도 해서 냈어요."

처음 만났을 때를 생각하면 아주 큰 변화입니다. 풀죽은 채 들어오는 준석이는 아무런 의욕이 없어 보였습니다. 의자에 앉자마자 엄마가 잔소리할 일만 하나 더 늘었다며 불만을 토해내던 아이가 지금은 싱글벙글 발걸음도 가볍습니다. 준석이에게 꿈이 생겼기 때문입니다. 아직 아무에게도 말하지는 않았지만 판타지 소설가가 되고 싶어 합니다. 그 꿈을 이루기 위해 열심히 책을 읽고 독서록을 쓰기로 마음먹었습니다. 지금까지 책도 많이 안 읽고 글도 잘 못 써서 말하면 비웃음을 살 거 같다며 제게는 비밀이라고 합니다. 엄마에게도 말하지 말라고 하네요.

선생님 준석아, 엄마가 매일 잔소리해도 겨우 읽을까 말까 하던 네가 요즘 혼자서도 잘 읽는다니 선생님은 신기하기만 해. 갑자기 판타지 소설가가 되겠다는 꿈은 어떻게 갖게 된 거니?

준석 선생님 만나서 이 책 저 책 읽은 지 벌써 1년이 다 되어가요. 그중에 《피터 팬》 기억하시죠? 어찌나 재밌던지 웬만해서는 책을 안 읽는 제가 무려 세 번이나 읽었어요. 저 요즘은 《해리 포터》 시리즈 읽고 있어요. 다 읽으면 《반지의 제왕》도 읽고 싶고 《나니아 연대기》도 읽을 거예요. 《피터 팬》 읽으면서 영원히 아이로 사는 사람을 만든 작가가 대단하다는 생각이 들었어요. 상상력이 어쩌면 그렇게 풍부할까요? 저도 그런 세계를 만들어내는 판타지 소설가가 되고 싶었어요.

선생님 《피터 팬》 수업 때 네가 흥분해서 이야기하던 모습이 떠오른다. 상상의 세계를 매력적으로 느꼈구나. 요즘은 판타지 소설 외에 다른 책들도 열심히 잘 읽어 오던데 이유가 있니?

준석이 선생님이 그러셨잖아요. 작가가 되려면 경험도 많이 쌓고 책도 다양하게 많이 읽어야 한다고요. 글 쓰는 연습도 꾸준히 해야 한다고 하셔서 저녁마다 일기도 쓰고 학교에서 내주는 쓰기 과제도 정성 들여 하고 있어요. 책도 자꾸 읽으니까 점점 재미있어지고 잘 읽어져요. 제가 매일 숙제 다 끝내고 30분씩 책을 읽거든요. 엄마가 요즘 왜 이러냐고 하셔요. 아직은 말씀드릴 순 없지만 제가 좀 더 노력해서 자신감이 생기면 그때 말씀드릴 거예요. 선생님, 제가 너무 말도 안 되는 꿈을 꾸는 걸까요?

선생님 그럴 리가 있니. 넌 충분히 잘할 거야. 목표가 생기니까 이렇게 스스로 알아서 노력하고 있잖아. 엄마도 아시면 아마 응원해주실 거야.

꿈이 생긴 아이는 누가 뭐라 하지 않아도 스스로 책을 열심히 읽기 시작합니다. 다양한 장르의 책을 접하다 보면 자신이 관심 있는 분야를 알게 됩니다. 나아가 자기도 그쪽 일을 하고 싶다는 꿈도 키울 수 있습니다. 그렇게 판타지 소설가를 꿈꾸게 된 준석이를 힘껏 응원합니다.

학교 수업이 즐거워졌어요

학교에서 수업 시간에 그동안 읽은 책을 자랑할 기회가 생기면 기분이 어떨까요? 선생님의 질문에 다른 아이들이 우물쭈물하는 사이 혼자서 대답할 수 있다면 그것만으로도 책을 읽을 동기가 되겠지요? 다음은 의욕적으로 책을 잘 읽게 된 아이들 이야기입니다.

책 읽기로 지식을 뽐낸 서준이

서준이는 초등학교 5학년입니다. 친구들과 노는 것을 그다지 좋아하지 않고 학교도, 학원도 다들 다니는 거니까 자기도 간다는 친구입니다. 책도 읽으라고 하니까 읽는 시늉만 합니다. 주말마다 도서관에 가서 책을 빌리는데 엄마에게 떠맡기고는 자기는 가만히 앉아서 바라보기만 한다고 합니다. 부모님은 서준이가 무슨 생각을 하는 건지 궁금해하십니다. 좀 더 적극적으로 하고 싶은 일을 찾았으면 좋겠다고 하십니다.

서준이는 제가 주는 책만 겨우 숙제처럼 읽어 오는 식이었습니다. 도서관에 가서 책을 빌리는 일도 점점 하지 않게 되었습니다. 그러던 어느 날 문을 박차고 들어오더니 이렇게 말합니다. "선생님, 저 오늘 학교에서 대단한 활약을 했어요. 수업 시간에 조별 활동으로 음식에 관한 내용을 정리해서 발표했는데요. 친구들이 어렵다는 걸 제가 나서서 했어요. 선생님이 저보고 이런 내용을 어떻게 아느냐고 하시기에 책에서 읽었다고 했더니 크게 칭찬해주셨어요. 갑자기 책에서 읽었던 여러 가지가 막 생각났거든요."

흥분한 아이가 속사포처럼 말을 쏟아냅니다.

"어떤 내용이었는데 기억이 났어?"

"음식이 만들어진 역사를 우리 조가 맡았는데요, 제가 책에서 읽은 내용이 딱 생각나서 많이 썼어요."

아이 말을 들으며 서준이를 칭찬하고 동기를 부여해준 담임 선생님께 감사한 마음이 들었습니다.

이후 서준이는 적극적으로 변했습니다. 오늘은 학교에서

어떤 질문을 받았는데 대답을 다 했다, 친구들이 너는 아는 것이 많은 똑똑한 애라고 한다, 학교 수업이 재밌다 하며 등 말도 많아지고 다음에 읽을 책이 무언지 궁금해하는 등 관심도 높아졌습니다.

서준이는 그동안 잘할 마음이 없었습니다. 어울려 노는 걸 즐기지 않으니 친구들 사이에서 존재감이 있는 것도 아니고, 책을 읽기는 하지만 딱히 인정받을 만한 일이 없었던 것입니다. 수업 시간에 서준이와 대화를 나누었습니다.

선생님 서준아, 요즘 독서 수업이 즐거워 보이는데, 맞니?

서준 네, 이 시간이 재미있고 기대돼요. 제가 읽은 걸 학교 수업 시간에 마음껏 이용할 수 있다고 생각하니까 좋거든요. 요새는 학교 가는 것도 즐겁고 공부 시간에 집중도 잘 돼요. 제가 학교 수업을 계속 잘 듣다 보니까 알게 됐는데요. 학교 선생님이 물어보는 것도 책만 잘 읽으면 다 답할 수 있겠더라고요. 제가 이렇게 많이 알고 있었나 신기해요. 친구들이 저보고 똑똑하대요. 그동안은 이런 걸 왜 몰랐는지 이상해요.

선생님 그동안은 관심을 가질 계기가 없었기에 그런 거 아닐까? 평소에 책을 읽어둔 덕에 기회가 왔을 때 잡을 수 있었던 거지. 서준이 앞으로 책 더 열심히 잘 읽어 오겠는걸.

아이의 독서 경험이 학교생활을 즐겁게 하는 동력이 되고 있다니 감사한 일이지요. 아이들에게는 독서를 통해 얻은 지식을 뽐낼 기회야말로 확실한 동기가 됩니다.

학교에서 독서부장이 된 찬성이

일곱 살 겨울에 만나 지금은 초등학교 4학년이 된 찬성이는 학교생활이 행복하다고 말합니다. 발표하는 걸 좋아하고 자신감도 넘치며 친구들과도 잘 지내서 얼굴에 늘 웃음을 달고 사는 예쁜 친구죠. 자기가 책을 많이 읽어서 똑똑하고 공부도 잘한다고 확신하는 아이입니다. 부모님은 어려서부터 책을 꾸준히 읽어주셨습니다. 그래서인지 첫 만남 때부터 남달랐습니다. 또래보다 어휘력도 높고 설명도 잘했습니다. 하지만 위기도 있었습니다.

초등학교 3학년이 되면서 책과 멀어졌어요. 맞벌이하시는 부모님과 연락하기 위해 핸드폰을 마련하면서 그렇게 되었습니다. 틈만 나면 게임을 하거나 친구와 문자를 주고받았습니다. 문제가 심각하다고 느끼셨는지 부모님께서 상담을 신청하셨습니다. 저는 부모님도 같이 핸드폰을 끄고 가족이 모여서 책을 읽고 이야기 나누기를 부탁드렸습니다. 쉽지 않은 일인데 부모님은 적극적으로 실행했습니다.

책을 들고 밝게 웃으며 교실로 들어오는 찬성이와 대화를 나눠보았습니다.

선생님 찬성아, 한동안 네가 수업 시간에도 핸드폰을 자꾸 보려고 해서 선생님이 말리느라 힘들었는데 요즘은 아예 꺼내지도 않는구나. 핸드폰 하고 싶은 마음을 이겨낸 거 같아서 대단해 보여.

찬성이 우리 집에서는 핸드폰을 다 꺼놔요. 그러고는 부모님이 저녁마다 책을 읽어주셨어요. 학교에서는 참기 힘들기는 한데요. 그래도 안 보는 게 좋아요. 얼마 전에 사회 시간에 선생님이 역사 관련 질문을 하셨는데 제가 바로 답을 했거든요. 다른 친구들이 아직 안 배운 내용이라 모른다고 하는데 저는 책에서 읽었어요. 선생님하고 독서 수업 시간에 토론한 내용이었거든요. 그걸 알게 된 선생님께서 저를 독서부장에 임명하셨어요. 그래서 매주 반 친구들에게 책 소개를 하게 됐거든요. 그러니까 이제 핸드폰 그만 보고 책 읽어야 해요.

선생님 찬성이가 학교에서도 그렇고 독서 수업에 와서도 친구들에게 책 읽기를 전도하는 게 이유가 있었구나. 책 잘 읽어서 독서부장이라니, 뜻있는 직책인걸. 네가 책 소개를 하면 친구들이 읽겠다고 하니?

찬성이 네. 주로 선생님과 함께 읽은 책들을 소개하는데 그러면 친구들이 서로 도서관에 먼저 가겠다고 해요. 제가 다들 읽고 싶게 소개를 잘하나 봐요. 하하하.

아이들이 적극적으로 무언가를 하는 데는 동기가 필요합니다. 인정받고 싶은 마음을 채워주는 게 큰 효과를 발휘해요. 특히 보는 친구들이 많은 학교에서 인정받는다면 더없이 좋겠지요. 집에서 부모님이 할 수 있는 일도 있습니다. 내 아이가 책에서 얻은 지식과 지혜를 자랑하거나 그런 일로 주변에서 칭찬을 받았다면 그 순간을 놓치지 말고 즉시 격려해주세요. 아이는 스스로를 자랑스러워하며 평생 독서가로 자라게 될 것입니다.

내 생각을 마음껏 표현해요

자기 생각을 글이나 말로 자유롭게 표현할 수 있다면 얼마나 좋을까요? 글도 잘 쓰고 말도 잘하고 싶은데 마음처럼 안 되면 속상하고 슬픕니다. 다음은 책 읽고 토론하고 글 쓰는 연습을 꾸준히 하여 자신의 능력을 키워낸 사례입니다.

독서 토론으로 수줍음을 이겨낸 윤정이

"윤정이가 말이 없어서 걱정이에요. 동생과 싸울 때도 말은 못하고 눈물만 뚝뚝 흘리는데, 보고 있으면 속상합니다. 아이가 자기 생각을 논리적으로 잘 표현했으면 좋겠어요."

초등 5학년인 윤정이를 처음 만난 날 윤정이 어머님이 하신 말씀입니다.

윤정이는 낯을 많이 가리는 스타일이라 친해지기까지 오랜 시간이 걸렸습니다. 수줍음이 많아 말을 잘 안 했고, 글로 표현하는 건 더 힘들어했습니다. 윤정이는 겨우 세 줄 만에 다 썼다며 연필을 놓습니다. 음독을 할 때면 목소리가 작아서 숨죽이고 집중을 해야 겨우 알아들을 수 있습니다. 저는 원활히 소통하기 위해 가까이 앉아 몸을 기울여 귀를 기울인 채 대화를 진행했지요. 아이가 한 말을 다시 한번 짚어주며 확인하면, 윤정이는 고개를 끄덕이고 웃으며 맞다는 표현을 하고는 했습니다. 그렇게 수업을 진행하다가 답답한 마음에 물었습니다.

"윤정아, 목소리가 작으면 너도 답답하지 않아? 다른 사람이 네 말을 잘 못 들어서 대화가 안 되면 속상하잖아. 너도 말을 안 하게 되고 상대방도 너와 말을 잘 안 하려고 할 테니까. 그렇지 않아?"

제 말에 윤정이는 눈물을 글썽이며 대답했습니다.

"저도 속상하고 화나요. 특히 동생이랑 싸울 때 말 좀 제대로 하라고 소리 지르면 너무 화가 나요. 동생이 속사포처럼 쏘아대면 억울해도 입을 다물고 가만히 있어요. 말하는 게 점점 자신이 없어져요. 저도 제 생각을 말하고 싶은데 잘 안 돼요."

저는 윤정이 눈을 들여다보며 아이의 생각을 확인했습니다.

"너도 말 잘하고 싶은 거지? 동생과 싸울 때 말로 제압해보고 싶은 마음이 있는 거 같은데, 그럼 앞으로 선생님과 같이 노력해줄래? 책 읽고 와서 토론하는 시간을 잘 이용해보자. 네 차례가 되면 목소리를 좀 더 크게 하면서 천천히 너의 생각을 표현해봐. 처음에는 힘들지만 자꾸 연습하면 틀림없이 좋아질 거야. 우리 같이 노력하는 거지?"

윤정이와 손바닥을 마주치며 파이팅을 외쳤습니다. 수줍어하던 아이가 이렇게 속마음을 말해준 것만 해도 큰 발전이라는 생각이 들었습니다.

자신감을 키워준 발표 훈련

윤정이에게는 자신 있게 말하기 위한 훈련이 필요했습니다. 토론할 때 말하는 방식을 정하고 연습했는데요. "저는 ~에 대해 ~라고 생각합니다. 왜냐하면 ~하기 때문입니다." "~를 하면 ~한 점이 좋습니다. 물론 ~할 수도 있습니다. 그러나 그것은 ~하면 됩니다. 그러므로 ~해야 합니다." 같은 틀을 만들었지요. 윤정이는 조금씩 나아지기 시작했습니다. 쉽지는 않았을 텐데 포기하지 않고 계속 노력했답니다.

이제 윤정이는 6학년이 되었습니다. 그동안 연습을 꾸준히 한 덕분인지 누구 앞에서나 자기 생각을 당당하게 표현하는 아이로 성장했답니다.

선생님 윤정아, 요즘은 동생과 말싸움하면 누가 이기니? 여전히 지는 거야?

윤정 아니요, 이제는 제가 이겨요. 동생이 꼼짝 못 해요, 눈이 동그래져서는 언니 왜 이렇게 말 잘하냐고, 원래 잘하는데 그동안 못한 척한 거냐고 해요. 엄마보고 자기도 언니처럼 독서 토론 다니게 해달라고 매일 졸라요. 동생도 곧 선생님 만나러 올걸요. 그래도 걱정 없어요. 이제는 저도 끄떡없거든요.

선생님 자신감이 단단하게 생겼구나. 윤정이가 선생님을 잘 따르며 노력한 결과지. 윤정이 대단해!

윤정 제가 좀 소심하고 부끄러움도 많고 느린 편이잖아요. 선생님 덕분에 용기가 났어요. 제가 무슨 말을 해도 선생님이 다 들어주시고 한 번 더 확인해주시고 그러잖아요. 다른 아이들도 재촉하지 않아서 좋았어요. 책 읽고 나서 대화할 때 제가 하고 싶은 말을 천천히 생각해서 할 수 있도록 말하는 순서도 가르쳐주셨잖아요. 말 잘하려고 자기 전에 누워서 연습도 했어요. 요즘은 글쓰기도 한 장 정도는 쉬워요. 선생님은 더 분량을 늘리라고 하시는데, 조금만 더 노력하면 될 거 같아요. 지난번에 부모님께 일주일 용돈 2,000원 더 올려달라고 설득하는 것도 성공했어요. 아빠가 저보고 말 잘한다고 3,000원이나 올려주셨어요.

자신의 성장을 한껏 기뻐하는 아이의 모습에 저도 덩달아 목소리가 커집니다. 나이 어린 동생 앞에서 쩔쩔매던 소심쟁이가 이렇게 달라지다니 놀랍기만 하지요. 잘하고 싶은 마음을 가지고 꾸준히 연습하는 것이 중요함을 다시금 깨닫게 해준 경험이었습니다.

부모님과 사이가 좋아졌어요

책 수업을 하다 보면 아이와 부모의 관계에도 관여하게 되는 경우가 많습니다. 아이와 이야기를 나누다 보면 부모님과 힘들어하는 부분을 자연스럽게 알게 되기 때문인데요. 그럴 때마다 부모가 변하면 아이도 변할 수 있다는 걸 느끼게 됩니다. 다음은 엄마의 변화로 아이도 달라진 사례입니다.

완벽주의를 극복한 예원이

초등 4학년 때 만난 예원이는 지금 대학생입니다. 무엇이든 잘하고 칭찬받아야 한다고 생각하는 예원이는 누구보다 열심히 하는 아이였습니다. 예원이 엄마가 처음 상담을 오셔서 한 말이 생각납니다.

"우리 예원이는 무엇이든 완벽하지 않으면 화가 나서 울고 짜증을 내요. 그 모습을 보면서 저를 닮아서 그렇구나 싶어 속상합니다. 제가 그런 성격이라 예원이 어린 시절부터 실수하지 않도록 많이 다그치며 키웠거든요. 원래 성향이 그런데다 엄마가 부채질까지 했으니 더 그런 거 같아요. 예원이가 못해도 되니까 즐거운 마음으로 여유롭게 공부할 수 있도록 부탁드려요."

어머니의 말씀처럼 예원이는 책을 전투적으로 읽는다고 우스갯소리를 할 만큼 열과 성을 다해 읽었습니다. 저는 예원이에게 한 장 한 장 내용을 생각하며 꼼꼼히 정독하는 게 좋다고 알려주었어요. 아이는 바로 책 구석구석 포스트잇을 붙이고 문장에 줄을 긋고 형광펜으로 표시를 해가며 읽었습니다. 토론 시에도 저에게 배운 대로 토론 자료 정리부터 개요표 작성까지 무엇 하나 소홀함이 없었습니다. 글쓰기를 할 때는 필요 이상으로 많이 지웠다 썼다 하며 완성도를 높이려고 애를 썼어요. 어쩌다가 지적을 한번 받으면 눈물을 뚝뚝 흘리며 다시 하겠다고 했지요. 그러다 보니 눈치가 보여 고치라고 말하기가 망설여졌습니다. 예원이 어머니가 무엇을 걱정하는지 보이시나요?

예원이는 아직 초등학생이라 공부 분량도 적고 책 글밥도 많지 않습니다. 하지만 학년이 올라갈수록 해야 할 공부량이 많아질 것이고 성격상 완벽하게 잘하려고 할 테니 스트레스를 받을 게 불 보듯 훤했습니다. 거기에 엄마까지 다그치면 과부하가 걸리겠지요. 예원이에게는 다 잘하지 않아도 괜찮다는 생각이 필요해 보였습니다.

저는 예원이 어머니와 자주 전화 상담을 하며 함께 노력해 나갔습니다. 아이에게 잘했다고 칭찬만 하라고 말씀드렸습니다. 어머니도 결심한 바가 있으신지 다른 학원 과제는 물론 제가 내주는 책 읽기 숙제도 알아서 하게 두려고 애쓰셨습니다.

엄마의 노력 덕분에 예원이는 조금씩 달라졌습니다. 글씨를 바르게 썼는지 보고, 분량을 체크하며 신경 쓰던 아이가 차츰 편안해하는 모습이 느껴졌습니다. 고쳐야 할 부분을 지적했을 때 눈물을 흘리는 횟수도 줄어들었지요. 차츰 책 읽기도 글쓰기도 여유로운 태도로 하게 되었습니다. 그렇게 되기까지 예원이와 저도 많이 부딪치며 힘들어했습니다. 자기가 왠지 잘못하고 있다고 생각하면 울거나 짜증을 내서 수업 시간 내내 저기압이었으니까요. 그럴 때마다 괜찮다고, 지금도 충분히 잘하고 있다고 이야기해주었습니다. 다행히 중학생이 되자 자신의 완벽주의 성향을 스스로 파악하고 통제해나가기 시작했지요.

우리가 서로를 응원하는 법

얼마 전 대학생이 된 예원이가 방학을 맞아 꽃다발을 한 아름 안고 찾아왔습니다. 우리는 차 한 잔을 앞에 두고 두런두런 이야기를 나누었습니다. 나를 잊지 않고 찾아와준 아이가 어찌나 예쁘고 고맙던지요.

선생님 예원아, 여전히 공부 욕심이 많아서 누가 시키지 않아도 열심히 하고 있지? 네가 좀 심하게 완벽주의라고 예전에는 걱정 많이 했어. 알지?

예원 그럼요. 그래서 선생님은 매번 잘 못 해도 된다고, 실수하면 다시 하면 된다고, 귀가 닳도록 말씀해주셨잖아요. 책 한 권을 온통 밑줄과 메모로 채워놓은 걸 보고 깜짝 놀라시던 모습이 생각나요. 어릴 때부터 저는 엄마가 너무 무섭고 싫었어요. 신발 왼쪽 오른쪽 구분을 못 한다고 엄마가 저 유치원 안 보내고 한 시간 동안 연습시켰던 기억이 선명해요. 일기랑 숙제를 검사하고 완벽하지 않으면 밤을 새워서라도 다시 하게 하셨거든요. 그래서 독서 수업할 때도 많이 긴장했어요. 글도 쓰고 책도 읽어야 하는데 못하면 엄마가 혼내실까 봐 잘하려고 노력했어요.

선생님 내가 고칠 부분을 말해줄 때마다 얼어붙던 네 모습에 친구들이 놀라곤 했지. 생각하면 넌 정말 열심히 하는 아이였어. 너무 심해서 문제였던 거지. 그래도 엄마가 생각을 바꾸시고 함께 노력해주셔서 다행이었어. 그렇지?

예원 엄마도 생각을 바꾸기가 쉽지는 않았대요. 거의 매주 선생님과 상의했는데 귀찮아하지 않고 정성을 다해주셨다고 감사하다고 하셔요. 한번 선택했으면 믿고 맡기고 엄마는 다른 일에 신경 쏟으시라고 말씀하셨다고 들었어요. 가끔 그때 얘기하며 엄마가 선생님 무서웠대요. 하하하. 제가 초등학교 4학년 때 선생님 만나서 중학교 2학년 될 때까지 엄마도 저도 힘든 순간이 많았어요. 선생님이 저한테 질타보다는 응원, 칭찬 많이 해주셨죠. 그리고 수업할 때 한동안 책 이야기를 말로 하도록 해주셔서 좋았어요. 집에 가서 엄마한테 보여주지 않아도 되니까 마음이 편했거든요.

자기 자신을 잘 이해하고 장점은 살리고 단점은 보완하려는 모습이 존경스러운 친구입니다. 다른 사람의 조언도 잘 받아들였어요. 쉽게 성격을 바꾸기는 어렵다는 걸 알면서도 노력하는 모습이 어른인 저도 배워야겠다는 생각이 들게 했지요. 함께 노력해준 예원이 어머니께 고맙고 감사한 마음입니다. 아이가 앞으로 더 멋지게 자신의 삶을 살아가기를 소망합니다.

진로를 찾았어요

책에서 자기 적성을 발견할 수 있을까요? 가끔 이 질문을 하는 부모님들이 있습니다. 아이가 진로를 정하면 목표가 생겨서 지금보다 열심히 공부할 거 같다고 해요. 누구든 꿈을 찾기란 쉽지 않지요. 다음은 책에서 진로를 찾은 아이들 이야기입니다.

운명의 책을 만난 승현이

교육 도서관에서 고등학생 독서 논술 수업을 하며 만난 승현이는 책을 즐겨 읽지는 않지만 가끔 한 권쯤은 읽는 아이였습니다. 부지런해지려고 토요일 아침 9시 수업을 신청한 아이였지요. 게다가 읽은 책은 생활기록부에 적을 수도 있고 글쓰기도 배울 수 있으니 일석삼조라며 웃던 모습이 생각납니다. 승현이는 대학에서 뭘 공부할지 막막해하던 친구였습니다. 수학이 재미있어서 이과가 나을 것 같기는 한데 딱히 마음을 끄는 전공이 없었어요. 어려서부터 책과 컴퓨터 게임이 친구였다고 말하는 아이는 공부머리가 좋았습니다. 도서관에서 우연히 만났을 때 승현이는 휴학하고 입대를 기다리는 중이라고 했습니다.

선생님 지금 하는 공부는 너에게 잘 맞니?

승현이 재미있고 즐거워요. 내용은 머리가 아프지만 제가 하고 싶은 공부니까요. 선생님과 함께 읽었던 《모든 생명은 서로 돕는다》가 제게는 운명의 책이었어요. 덕분에 제가 하고 싶은 일이 무엇인지 정확히 알게 됐으니까요.

선생님 그 책 읽고 토론할 때 흥분하던 네 목소리가 생각난다. 드디어 하고 싶은 일을 찾았다며 활짝 웃었었지. 1년 정도 수업하다가 고2 올라가면서 못 만난 거 같은데 그동안 잘하고 있었구나.

승현이 저는 선생님이 항상 말씀하시던 '책이 인생을 바꾼다'를 몸소 체험한 사람이죠. 뜻있는 일을 하고 싶었는데 그냥 성적에 맞춰 대학을 가려니 답답했어요. 그 책을 읽으면서 '이거다!' 싶었지요. 유전자 조합 농작물을 연구해서 식량 문제를 해결하고 지구에 도움이 되는 사람이 되어야겠다는 거창한 생각이 들었습니다. 그래서 지금 열심히 공부 중입니다. 책도 많이 읽고 있어요. 선생님이 당부하시던 대로 인문학 책과 과학책, 소설책을 두루 챙겨서 읽고 있습니다.

선생님 운명의 책을 만났다니, 그동안 고민한 보람이 있네. 너의 꿈을 항상 응원한다.

고등학생 수업을 할 때면 어떤 책을 읽도록 할까 더 고민이 된답니다. 대학입시에 도움도 되고 삶에도 도움도 되는 그런 책을 골라주고 싶어 선정에 심혈을 기울이지요. 제가 추천한 책을 읽고 진로도 찾고 책을 더 가까이하는 어른으로 성장한 듯하여 뿌듯하고 보람찬 느낌입니다

책에서 미래를 찾은 대승이

대승이는 초등 6학년 때 만나 중학교 3학년 때까지 함께 책 수업을 했던 아이입니다. 대승이는 독서에 특별히 문제가 없는 아이였어요. 다만 게임하는 시간이 부쩍 늘어 어머니께서 걱

정하셨답니다. 곧 사춘기에 들어설 대승이와 그 문제로 다투게 될까 조심스러웠던 대승이 어머니는 책 수업을 통해 게임에서 벗어나기를 원하셨어요. 대승이는 게임을 즐겨 하지만 다른 일을 못 할 정도로 빠져 지내지는 않았습니다. 2주일에 한 권 정도의 책을 정독하고 자기 생각도 말과 글로 잘 표현하는 친구였습니다. 단지 "저는 꿈이 없어요. 무얼 하면 좋을까요?" 하고 진로를 고민하는 보통의 아이였지요. 그러던 어느 날 대승이가 자신이 무엇에 관심이 많은지 알게 되었다고 합니다.

대학생이 된 후 어느 날 예쁜 케이크를 들고 찾아왔었는데요. 대화를 나누며 그 이야기를 자세히 들을 수 있었답니다.

선생님 지금 경제학을 공부하고 있다고 들었어. 어떻게 그런 결정을 했는지 자세히 말해줄래?

대승이 예전부터 엄마가 책을 많이 읽어주셔서 책은 늘 친숙했어요. 그러다 게임을 알게 되면서 거기에 빠졌죠. 엄마는 게임 시간을 정하고 한편으론 책 수업을 소개해주었어요. 수업하면서 다양한 책을 읽었잖아요. 어느 날 선생님께서 제게 경제 분야 책은 열심히 읽어 오는 거 보니 거기에 관심이 있는 것 같다고 지나치듯이 말씀하시더라고요. 가만히 생각해보니 정말 그런 거 같았어요. 선생님 말씀처럼 유독 경제 분야 책이 잘 읽히더라고요. 다른 친구들은 경제 책 싫어했잖아요. '경제'라고 하면 단순히 '그거 읽으면 부자 되나?' 하고 생각하는 수준이었어요. 경제학을 좀 더 공부하고 싶다는 생각이 들었어요. 그래서 학과 선택을 했는데 공부할수록 흥미롭고 재미있어요. 꿈이 없을 때는 학교 가고 학원 가고 게임이나 하면서 하루하루 보냈는데요. 하고 싶은 일이 생기니까 마음 자세도 달라졌어요.

선생님 말씀을 허투루 듣지 않고 곰곰이 생각했다니 기특하지 않을 수가 없습니다. 한편으로는 제 말이 아이들에게 큰 영향을 미치는구나 싶어 말 한마디도 신중히 하게 되었어요. 부모님들도 마찬가지일 거예요. 말 한마디가 아이의 꿈을 좌우할 수 있으니 항상 세세히 살펴보고 부모의 생각을 전해주면 좋겠습니다.

5-6
독서 토론은 생각을 넓혀줘요

하영이를 생각하면 기특한 마음에 미소부터 지어집니다. 저를
처음 만나러 왔을 때가 중학교 1학년이었는데 고2까지 책 수
업을 함께했습니다. 친구들과 함께 모여서 책 읽고 토론하고
글 쓰는 걸 해보고 싶어서 스스로 찾아왔다는 아이였습니다.
하영이는 교실에 들어서자마자 풍겨오는 책 냄새가 좋다고 했
습니다. 하영이네 집은 가족이 함께 책을 읽는 독서 문화가 자
리 잡혀있는 가정이었는데요. 하영이 부모님은 아이와 책을 읽
고 대화를 나누며 세상을 보는 눈을 키워주려고 노력하고 있
다고 말씀하셨어요.

하영이의 토론법

하영이는 새 책을 만날 때마다 행복해하면서 표지가 너무 예쁘다며 빨리 읽고 싶어 하는 보기 드문 아이였습니다.

다음은 하영이가 중학교 3학년 무렵 친구들과 독서 토론을 했던 사례입니다. 함께 읽고 대화하며 생각 나누기를 하면 사고를 확장하는 데 도움이 된다는 걸 알 수 있습니다.

선생님 《멋진 신세계》를 읽고 각자 느낀 점을 말해볼까?

하영이 저는 이 책을 읽고 과학기술의 진보에 대해 많은 생각을 하게 됐어요. 인공수정으로 사람을 기계로 찍듯이 만들어내고, 유전자 조작을 통해 계급이 미리 결정된다는 것이 끔찍해요. 그렇게 태어난 사람들이 아무 생각 없이 임무를 수행하다가 죽는 거잖아요. 발전하기 위해 노력할 필요도 없고요. 그러니까 미리 정해진 삶을 사는 건 좀 아니라고 생각해요. 친구들과 이 주제로 이야기 나눠보고 싶어요.

어렸을 때부터 책을 읽은 아이답게 하영이는 단순한 줄거리보다 책의 메시지를 먼저 생각합니다.

선생님 하영이는 발전된 과학기술로 생명을 조작한다는 것이 인상 깊게 다가왔구나. 유전자 조작으로 그 사람 인생을 미리 결정하는 것은 바람직하지 않다는 거지? 다른 친구들은 이 책을 읽고 어떤 생각을 했니?

친구 1 저는 단순히 미래에는 세상이 저렇게 될 수도 있겠구나 하고 생각했는데 하영이 이야기를 듣고 보니 좀 더 고민해볼 일이라는 생각이 들어요. 하지만 이 책에서처럼 유전자 조작으로 한 사람의 삶이 이미 결정된다면 오히려 편할 거 같아요. 그냥 자신의 계급 속에서 주어진 일만 하면 되잖아요. 더 잘되려고 노력할 필요 없이 사는 것도 행복하지 않을까요? 지금처럼 아등바등 공부해서 대학 가고, 좋은 직장에 들어가려고 고생할 필요도 없잖아요. 저는 그런 사회에서 태어나면 그냥 만족하고 살 거 같아요. 어차피 뭐가 문제인지 생각을 못 하니까 괴롭지도 않을 거고요.

선생님 정해진 삶을 살면 고민할 필요가 없으니 오히려 행복할 수도 있다는 말이구나. 이미 그렇게 태어났으니 문제가 무언지 인식조차 못 할 거고. 주어진 대로 만족하며 살아가는 것도 나쁘지 않다는 말이지? 그렇다면 하영이가 반론을 해볼까?

하영이 하지만 그렇게 사는 건 동물과 다르지 않은 거라는 생각이 들어요. 인간의 삶이 의미 있는 것은 자신이 생각하는 가치를 위해 노력하고 도전하고 실패하고 그 과정에서 깨달음을 얻는 거라고 생각합니다. 그런데 이 책에 보면 총통이 엘리트들의 삶과 하층민의 삶을 결정하고 통제하잖아요. 사람들 생각을 조정해서 그곳이 유토피아라고 인식하게 만들어요. 그런 데서 살면 우리 안에서 단순하게 살아가는 동물과 뭐가 다를까요? 그렇게 된다면 사람이 인형이나 로봇처럼 사는 거라고 생각해요.

선생님 사람이 동물과 다른 점은 생각을 할 수 있다는 거지? 생각 없이 주어진 대로만 살면 인형, 로봇처럼 사는 거라는 건데, 이 생각에 반론해볼 사람 있을까?

친구 1 하영이 생각이 타당해서 반론할 생각이 안 들어요. 인형처럼 사는 건 바라지 않으니까요. 생각 없이 편하게 정해진 대로 사는 게 좋다고 생각했는데 그러면 동물과 다른 점이 없다는 말에 생각이 확 넘어갔어요. 하하하.

친구 2 반드시 자신이 생각하는 가치를 위해 도전하고 실패하고 거기서 깨달음을 얻어야만 의미 있고 행복한 삶이라는 생각은 안 들어요. 하지만 이 책에서처럼 총통이라는 사람이 만들어놓은 세상이 옳지 않다는 생각은 드네요. 저도 조종당하는 인형이나 로봇과 같은 삶을 살고 싶지는 않아요.

하영이 발전을 고민할 필요가 없이 살아간다면 그것이 진정한 행복일까요? 프로그램된 로봇이나 다를 바가 없잖아요. 물론 친구들 말처럼 주어진 삶에 만족하며 사는 것도 행복이라고 생각해요. 하지만 그 행복은 자신이 선택한 것이어야만 합니다. 미리 정해진 삶도 편할 수 있다는 생각도 들어요. 하지만 누군가가 그런 생각을 내 머리에 심어 놓은 거라면 그건 선택한 삶이 아니니까 주체적으로 사는 게 아니잖아요.

저는 앞으로 그런 사회가 되지 않도록 우리가 과학기술의 발전에 관심을 가져야 한다고 생각해요. 정말 책에서 나온 세상처럼 된다면 그렇게 되도록 방치한 우리 인간들의 잘못이라고 생각해요. 과학기술이 우리 삶에 중대한 영향을 미칠 수 있다는 점을 명심하고 모두가 잘 지켜봐야 합니다.

자녀를 응원하는 부모의 힘

선생님 선생님이 말할 틈도 없이 치열하게 각자 생각을 이야기하고 존중하며 수용하는 너희들의 토론 태도가 오늘 아주 멋졌어. 과학기술은 계속 발전할 거고 부작용도 있겠지만 모두가 관심을 가지고 지켜본다면 인간의 삶에 바람직한 방향으로 나아갈 수는 있겠지? 여러분이 오늘《멋진 신세계》를 읽고 나름대로 생각들을 정리하게 됐을 거야. 모두 열심히 해서 고마워.

과학기술의 발전에 대한 깊이 있는 생각을 끌어낸 의미 있는 독서 토론이었습니다. 이렇게 책을 읽고 생각을 키워나가던 하영이는 좀 더 사회문제에 목소리를 내고 싶다며 지금은 대학교에서 정치 외교학을 공부하고 있습니다. 방학을 맞아 저를 찾아왔던 하영이는 대학 생활을 누구보다 활기차게 보내고 있었습니다.

선생님 하영아, 네 몸에서 에너지가 뿜뿜 흘러나오는 거 같아. 학교생활이 재미있나 보네.

하영이 네. 산악 동아리에 들어가서 심신 단련도 하고, 공부도 열심히 하죠. 될 수 있으면 다양한 경험을 많이 해보려고 노력하고 있어요. 중·고등학교 때 선생님, 친구들과 했던 독서 토론이 큰 도움을 줬다고 생각해요. 더 넓은 세상을 생각하게 해줬거든요. 저는 이 사회와 세상의 여러 문제에 관심이 많아요. 앞으로 어떤 문제에 좀 더 집중할지는 계속 고민해보려고 해요. 문제를 방관하지 않고 해결하기 위해 적극적으로 노력하는 사람으로 살고 싶어요. 그러려면 제 목소리가 잘 전해질 수 있는 사회적 지위를 가져야겠다고 생각해요. 부모님께서 늘 저를 응원해주시니까 더 에너지 충만인 거 같아요. 선생님도 부모님도 저에게 항상 책을 가까이하고 사고의 폭을 넓히라고 하셨잖아요. 지금도 책 읽기는 제 생활의 일부로 함께하고 있어요.

자신감 넘치고 당당한 하영이를 보니 새삼 자녀를 응원하는 부모의 힘을 깨닫게 됩니다. 자신의 삶을 더욱 멋지게 만들어나갈 하영이의 앞날을 응원합니다.

5-7

친구를 이해하게 됐어요

지금은 어엿한 사회인이 된 현경이는 초등학교 4학년 무렵 만나 고등학교 졸업할 때까지 함께한 친구입니다. 어려서부터 책 읽기를 즐겨 해서인지 똑똑하게 말 잘하고 생각이 깊어 또래 친구들보다 성숙해 보이는 아이였습니다. 부모님은 외려 현경이가 학교 친구들과 잘 어울리지 못하고 책만 읽어 걱정이라고 하실 정도였죠. 함께 책 이야기를 할 사람이 필요하다고 생각하여 저를 찾아오셨답니다.

책 읽기와 함께한 질풍노도의 시기

현경이는 책만 보면 자석처럼 달라붙었습니다. 한번 책을 붙잡고 앉으면 시간 가는 줄 모르는 아이였어요. 책 이야기를 한다는 것이 좋은지 수업 시간이 되기도 전에 미리 와서 앉아있고는 했습니다. 특히 토론을 하는 날이면 다른 친구들에게 같이 준비하자며 적극적이었습니다.

그러던 아이가 초등 5학년 무렵이 되자 사춘기가 찾아왔습니다. 학교 친구들이 수준이 낮아서 대화도 안 되고 함께 놀 수가 없다고 하소연을 합니다. 어린아이들처럼 군것질이나 하고 시시한 얘기만 한다는 거였습니다. 독서 토론 시간에는 무조건 제 말에 반대했습니다. 자신이 생각하기에도 말이 안 되는 소리인 줄 알면서도 바득바득 자신이 옳다고 우기면서 토론을 했습니다. 찰스 디킨스의 《올리버 트위스트》를 읽고 대화할 때는 너무 속상해서 함께 울었던 기억이 선명합니다. 당시 페이긴이라는 등장인물에 관해 이야기를 나누는 중이었어요. 어린아이들을 학대하고 소매치기를 시키는 악당이었습니다.

제가 페이긴의 옳지 못한 행동을 지적하자 현경이가 반론을 제기해요. 아이들을 이용해서 돈을 버는 게 뭐가 문제냐는 거예요. 자기가 잘할 수 있는 방법으로 돈을 버는 건 잘못이 아니라면서 주장을 굽히지 않았습니다. 제 말에 무조건 반박하며 수업이 끝날 때까지 계속 말꼬리를 잡았어요. 저는 그때 현경이가 왜 이렇게 악당의 행동을 정당화하는지 걱정이 되기도 했지만 한편 저를 붙들고 늘어지는 모습에 화가 나서 아이의 손을 잡고 저도 모르게 엉엉 울기까지 했답니다. 그렇게 토론을 빙자한 기 싸움을 하고, 울다 웃으며 정이 듬뿍 들었지요. 사춘기가 찾아온 현경이는 한동안 감정 기복이 심했습니다. 하지만 그 시기를 지나가자 저와 많은 이야기를 나누고 고민을 상담할 만큼 좋은 사이가 되었습니다.

소통과 진심이 가져다준 선물

현경이가 대학을 졸업하고 직장인이 된 후 저를 찾아왔습니다. 우리는 함께했던 추억을 돌아보며 이야기를 나누었습니다.

선생님 네가 중학교 가면서 친구들 관계가 많이 달라졌는데 기억나니?

현경이 그럼요. 제가 사춘기가 좀 일찍 왔잖아요. 초등학교 때 심하게 겪고 나니 중학교에 가서는 편안해지고 친구들을 보는 시선도 달라졌어요. 이제 사춘기를 맞는 친구들을 여유롭게 지켜볼 수 있게 된 느낌이었어요. 저 중학교 때부터 친구들 사이에서 인기 많았던 거 아시잖아요. 제가 상담도 잘해주고 대화가 잘 통한다고 아이들이 무척 좋아했어요. 선생님이 많이 도와주셨다는 거 잘 알고 있어요. 항상 감사한 마음인 거 아시죠? 엇나가는 저를 받아주시고 끝까지 부딪히며 토론해주셔서 제가 많이 순화됐어요.

제가 어려서부터 늘 생각이 깊고 어른스럽다는 말을 많이 들으며 자랐어요. 초등학교 고학년 때는 또래 친구들이 말하는 걸 들으면 너무 생각이 없고 어려 보여서 말도 하기 싫었어요. 아이들이 읽는 책 수준도 낮아 보이고, 지금 생각하면 저 참 거만하고 못된 아이였던 거 같아요. 친구들 눈에 제가 얼마나 꼴 보기 싫었을까요? 제가 친구들을 멀리한 게 아니라 아이들이 저를 멀리한 거였다는 걸 이제는 알아요. 선생님과 책 토론을 하면서 말도 안 되는 궤변을 늘어놓으며 못되게 굴었는데 어떻게 저를 내치지 않으셨어요? 저 같으면 꼴도 보기 싫었을 거 같아요.

선생님 네가 생각이 많아서 힘들다는 걸 아니까 참았지. 사실은 많이 힘들었는데 어디 한번 해보자, 그런 마음도 있었던 거 같아. 물론 너를 믿었지. 이 시간이 지나고 나면 누구보다 현명하게 사람들을 대하고 친구들과 잘 지낼 거라는 걸. 이제 너도 학교 선생님인데 너처럼 하는 아이를 보면 내칠 거야? 아니잖아. 너는 누구보다 아이들을 이해하고 사랑하는 선생님이지.

현경 훌륭한 선생님은 아니어도 좋은 선생님은 되려고 노력하고 있어요. 특히 아이들한테 책 읽기의 중요성을 강조하고 있어요. 제가 읽었던 책 내용도 자주 들려주고 선생님과 토론하며 싸웠던 이야기도 해주면 아이들이 저보고 대단한 학생이었다고 해요. 가장 기억나는 건 토론하다가 같이 울었던 거예요. 그때 왜 그렇게 말도 안 되는 억지를 부렸는지 모르겠어요. 선생님도 생각나시죠?

선생님 그 역사적인 날을 어떻게 기억 못 하겠니. 얼굴이 빨개져서는 싸우려 드는 모습에 화도 나고, 말도 안 되는 이유를 대며 붙잡고 늘어지는 바람에 속상해하다가 결국은 두 손 들었지. 우리 둘 다 그러고 나서 확실히 친해졌지? 너도 차츰 뾰족하게 세우고 다니던 가시를 하나씩 뽑아내는 느낌이 들었는데.

현경이 책 토론을 하면서 저를 다른 사람에게 맞추는 법을 알게 되었어요. 속에 무언가가 자꾸 쌓이는데 소통할 친구는 없고 부모님은 바쁘시고 그러다 보니 선생님한테 그랬던 거 같아요. 선생님이 워낙 잘 받아주시니까 제가 편했나 봐요. 저의 이런 성장기 경험들이 지금 아이들을 이해하고 함께하는 데 많은 도움이 되고 있어요.

질풍노도와 같은 성장기를 거치면서 더 단단하게 자라는 모습 보여준 현경이가 고맙기만 합니다. 독서를 즐겨 하는 아이 중에는 사춘기가 빨리 오고 마음에 차오르는 생각들을 누군가에게 쏟아내고 싶어 하는 경우가 있습니다. 이때 부모는 아이가 억지스러운 주장을 하더라도 잘 들어주셔야 해요. 이야기를 들어주는 것만으로도 아이에게 큰 힘이 된다는 것을 경험으로 알게 해준 사례였습니다. 청출어람이라고 하던가요? 제가 멋진 스승이라고 할 수는 없지만 아이는 훌륭한 선생님으로서 자기 역할을 잘 해낼 것을 믿습니다.

문학 책을 읽고 달라졌어요

자기주장이 강하고 다른 사람과 결코 타협하지 않는 아이들이 있습니다. 다음은 이런 특성을 보여주는 아이들과의 독서 수업 사례입니다.

혼자만의 생각에 빠져 있던 건주

사춘기의 절정에 있던 건주는 두꺼운 갑옷을 온몸에 두르고 전투에 나서는 장군처럼 바짝 긴장하며 나타났습니다. 중학교 2학년이었던 건주는 만나자마자 자기 생각을 강조하던 독특한 아이였습니다. 지금 공부를 열심히 하는 이유도 확고한 자기

신념을 실현하기 위해서라고 말하던 친구였어요. 아이가 전쟁과 무기 관련 책만 읽으니 다양한 책 읽기를 하도록 도와달라고 부모님은 말씀하셨습니다. 그리고 아이 생각이 너무 편향되어 있어서 걱정이라고 덧붙이셨습니다. 건주를 만나 이야기를 나눠보니 그 말이 무슨 의미인지를 바로 알 수 있었습니다. 건주는 전쟁사 관련 이야기만 나오면 물 흐르듯 술술 이야기를 쏟아냈습니다. 어느 전쟁에서 군사가 몇 명이었고 어떤 무기가 사용되었는지 자세히 알고 있었습니다. 관심 분야 책만 몰두해서 읽는 아이들의 특성을 고스란히 갖고 있었지요.

건주의 문제는 토론을 할 때 나타났습니다. 어떤 주제의 책을 읽고 토론을 하던 결론은 하나였습니다. 결국 이 사회가 문제이며 사회를 이렇게 썩게 만든 정치인들을 모두 쫓아내는 길만이 답이라는 겁니다. 그래서 자기가 최고 권력을 가진 군인이 되어 혁명을 일으켜 썩은 잔재까지 뿌리 뽑을 거라고 열변을 토했습니다. 실제로 사관학교에 가려고 공부는 물론 체력 단련도 열심히 하던 아이였지요. 생각이 완고하다는 점 말고는 다른 친구들과도 잘 어울리고 적당히 과묵하며 마음 씀씀이도 예쁜 친구였습니다. 하루 종일 말하느라 목 아픈 선생님 드시라고 목캔디도 챙겨주는 기특한 친구였지요.

아이의 생각은 비판한다고 바뀌지 않았습니다. 다른 친구들이 네 생각은 너무 과격하다, 대화와 토론을 통해 평화적인 방법으로 세상을 바꿔나가야 한다고 이야기를 했지만 건주는 한결같았습니다. 저는 건주의 생각을 한 번에 바꿀 수 없다는 것을 깨닫고 평소에 하던 대로 문학 책, 철학 책, 사회 경제 책 등 다양하게 읽고 팀 수업을 진행하며 토론을 했습니다. 건주에게는 생각을 말랑하게 해줄 시간과 독서 경험이 필요하다는 생각이 들었기 때문입니다. 지금은 자신의 꿈대로 사관학교에 다니는 건주를 만나 이야기를 나누었습니다.

선생님 건주야, 너의 꿈을 이루기 위해 잘해나가고 있니? 이젠 생각이 많이 달라진 거 맞지?

건주 아직도 걱정하고 계셨어요? 선생님과 책 읽으면서 저 생각이 완전히 달라졌잖아요. 이젠 예전의 편협했던 제가 아닙니다. 국민이 자유롭게 안전한 생활을 할 수 있도록 제 일을 다하는 군인이 되는 게 저의 꿈입니다. 다수의 현명한 사람들의 힘을 믿어요. 어떠한 방식이든 폭력을 동반하는 것은 바람직하지 못하다는 것도 잘 알고 있습니다. 선생님, 저 똑똑하기도 하지만 지혜롭기도 합니다. 아시잖아요?

선생님 네가 멋진 청년으로 성장해가는 걸 보니 기분이 몹시 좋은걸. 우물 안 개구리 시각을 완전히 벗어던지게 된 계기가 있니?

건주 문학 책이 많은 도움을 주었어요. 특히 톨스토이의 〈바보 이반〉이 기억에 남아요. 돈도, 힘과 권력도 아닌 바보스러울 만큼의 우직함과 성실함, 선량함이 세상을 바꾼다는 걸 깨닫게 해준 명작이에요. 친구들과 토론하며 제 모난 생각들이 깎이고 다듬어진 거 같아요. 항상 저만 옳다고 여겼는데 이야기를 나누면서 제 생각도 성장한 거 같아요. 과격했던 사춘기 시절, 서두르지 않고 기다려주신 부모님, 선생님께 늘 감사합니다.

문학 책을 읽으며 다른 사람과 생각을 교류하고 스스로 생각을 다듬어나간 아이가 대단하다고 생각합니다. 세상을 햇살 가득한 눈으로 바라보게 된 건주를 환영하며 건강하게 앞으로의 일들을 잘 헤쳐나가기를 소망합니다.

자기주장만 고집하던 무진이

과학고에 가려고 준비 중인 무진이 역시 다른 사람의 생각을 받아들이려 하지 않는 친구였습니다. 과학기술 분야에 관심이 많아 과학 책을 밥 먹듯이 읽었습니다. 다른 분야의 책은 내용 파악만 하는 수준이었고 주제 토론에서는 주로 듣기만 했습니다. 그러나 과학기술 이야기만 나오면 열심히 설명하는 아이였어요. 문제는 과학기술 발전을 거의 맹신하다시피 해서 과학자의 윤리 의식 같은 문제를 간과하는 것이었습니다. 현재 인류가 겪고 있는 환경 문제, 기후 문제, 불치병 문제, 자원 고갈 문제 등을 과학기술로 얼마든지 해결할 수 있으며 과학기술의 부작용은 크게 문제 될 것이 없다고 생각했어요.

과학자는 연구만 하면 되고 개발한 기술로 인한 윤리적인 문제까지 책임질 필요는 없다고 보았습니다. 그런 것까지 책임지다가는 아무것도 할 수가 없다는 입장이었어요. 당연히 반론이 있었지만 받아들이는 법이 없었습니다. 무조건 자기가 옳다고 주장하니 걱정스러운 마음이 들었습니다.

그러던 무진이 역시 서서히 달라졌습니다. 다른 주제에서 말을 아끼고 듣기만 하던 아이가 친구들 생각을 동조하기도 하고 반박하기도 하며 자기 생각을 정립해나갔어요.

선생님 처음 만났을 때 너는 완전 과학기술 만능주의자였는데 지금은 어때?

무진 지금도 과학기술이 중요하다는 생각에는 변함이 없어요. 다만 기술이 모든 문제를 해결할 수는 없다는 것을 알게 된 거죠. 과학자가 윤리 의식을 가져야 한다는 것도 알게 되었어요. 과학자 자신이 그 기술의 장단점에 대해 가장 잘 알고 있을 테니까 부작용도 깊이 고민하고 사람들에게 진실을 알려야겠죠. 예전 저와 같은 생각을 그대로 가지고 과학자가 된다면 큰일 나죠. 역시 여러 분야의 책을 골고루 읽을 필요가 있어요. 저에게 부족했던 부분을 메워준 게 바로 문학 책입니다.

무진이가 달라질 수 있었던 것은 문학에는 사람에 대한 이해와 사랑, 세상에 대한 따뜻한 시선이 담겨있기 때문입니다. 문학 책의 효용가치를 다시 한번 깨닫게 해준 무진이의 앞날을 기대합니다.

5-9

독서 모임을 직접 만들고 주도해요

뒤늦게 독서의 필요성을 깨닫고 열심히 책을 읽고 토론하고 글을 쓰는 아이들이 있습니다. 초중등 시절 부모님이나 선생님이 책을 읽게 하고 글쓰기를 시켜준 것이 감사한 일이라는 걸 뒤늦게 깨달은 것이죠. 다음은 그런 아이들과의 만남 사례입니다.

책 읽기의 참맛을 알게 된 민정이

초등학교 2학년 민정이를 처음 만난 날이 생각납니다. 과자를 들고 마치 소풍 나온 것처럼 즐거운 표정으로 엄마 손을 잡고 교실 문을 들어서던 아이였습니다. 왜 그렇게 좋아했는지는 그

다음 날 수업에서 밝혀졌지요. 자기가 아니라 엄마가 수업을 받으려는 줄 알았다는 겁니다. 속았다고 투덜대면서도 야무지게 저에게 원하는 바를 말했습니다.

"선생님, 저는 글자 쓰는 거 싫어요. 책도 많이는 싫고 한 권만 읽을 거예요. 받아쓰기도 잘하니까 많이 안 시키셔도 돼요. 여기 책 읽는 곳 맞죠? 그럼 저는 와서 책만 읽고 집에 갈 거예요."

책 읽기를 싫어하지는 않지만 좋아하지도 않고, 글쓰기는 안 하려고 하는 평범한 친구였습니다. 책을 주면 시키니까 읽기는 하는데 언제쯤 책이 좋아질지는 모르겠다는 아이였습니다. 부모님은 늘 민정이의 의사를 존중해주셨지만 독서만큼은 양보가 없는 분들이셨습니다. 민정이는 글을 써야 할 때나 글밥이 좀 있는 책을 내줄 때면 짜증을 내며 말했습니다.

"부모님이 다른 건 몰라도 독서는 시키는 대로 해야 한다고 해요. 글쓰기도 귀찮고 이 책을 언제 다 읽나 싶은데, 방법이 없으니 그냥 해야죠. 저 이제 사춘기라서 선생님 힘드실 거예요. 짜증 막 낼 거거든요."

"안 그래도 준비 잔뜩 하고 있어. 민정이가 책만 잘 읽어오면 선생님은 짜증 다 받아주면서 너랑 토론할 거야."

민정이는 경고대로 책을 손도 대지 않고 가져오기 시작했습니다. 그러더니 저보고 내용을 말해달라고 합니다. 자기는 기분도 안 좋고 다른 할 일이 많아서 못 읽어 온다는 거예요. 그렇게 두 달 정도를 보내며 더 이상은 안 되겠다 싶어 부모님과 상의를 했습니다. 가정의 도움이 절실한 순간이었습니다. 당분간 매일 가정에서 30분씩 책을 같이 읽어달라고 말씀드렸습니다. 민정이는 투덜대면서도 6개월 정도가 지나자 스스로 읽기 시작했습니다. 세월이 흘러 미대에 들어간 민정이가 어느 날 저를 찾아왔습니다.

선생님 대학생이 되니까 누가 책 읽으라고 하지도 않고 편하지?

민정이 와아, 진짜 이런 일이 생기다니. 선생님, 제가 독서 동아리 모임을 만들었어요. 믿어지세요? 대학교 가니까 읽어야 할 책들이 너무 많아요. 교수님마다 내주는 책도 있고 읽고 싶은 책도 있고요. 혼자는 자꾸 미루게 돼서 선생님과 하던 대로 친구들과 함께 읽고 토론하고 글 쓰고 하면 좋겠다는 생각이 들었어요.

저 엄청 발전했죠? 제 친구들이 다 놀라요. 제가 이렇게 독서에 진심일 줄은 몰랐대요. 대학교 가서 보니 다른 친구들이 그동안 책을 너무 안 읽었다는 게 느껴졌어요. 저는 어렵지 않은 책인데 친구들은 어렵다고 해요. 교수님 말씀이 아이들이 리포트를 너무 못 쓴다고 대학생이 맞느냐고 하셔요. 저는 잘 써서 칭찬도 받고 학점도 잘 받았어요. 고등학교 때까지는 선생님이 하라는 독서나 글쓰기가 귀찮고 싫었는데 지금은 감사한 마음이에요.

책 읽기 귀찮다고 투덜대던 아이가 스스로 독서 모임을 만들었다는 소식을 들으니 뭉클한 감동이 솟았습니다. 앞으로 더 성장해나갈 민정이의 모습을 상상하며 행복한 기분을 만끽해봅니다.

고전 읽기를 사랑하는 게임 덕후 희성이

초등 6학년인 희성이는 본인 표현에 의하면 "게임을 미치도록 사랑"하는 아이였습니다. 부모님은 아이가 게임하는 시간을 줄여서 책을 읽고 다른 분야에도 관심을 가지기를 원하신다고 하셨습니다. 희성이는 게임 이야기만 하면 물 만난 고기처럼 활기가 돌고 게임 설명글이라면 길게 쓰는 일도 마다하지 않았습니다. 중학교 3학년 때는 부모님으로부터 게임하기 좋은 최신 노트북을 약속받고 곧바로 성적을 올린 친구입니다. 그만큼 게임을 좋아했습니다.

희성이 부모님은 강제로 게임을 금지하거나 심하게 잔소

리를 하지 않으셨습니다. 대신 아이와 규칙을 정하셨다고 해요. 평일에는 독서 수업 책을 열심히 읽고 공부도 열심히 하고, 주말 이틀 동안은 하고 싶은 대로 하기로 정했답니다. 희성이는 이 규칙을 잘 지켰습니다. 주말에 게임을 맘 놓고 하려고 성실하게 책을 읽고 수업 시간에 참여했습니다. 지금은 대학교에서 컴퓨터 공학을 공부하고 있는 희성이를 만났습니다.

선생님 희성아, 부모님은 네가 게임하는 시간을 줄이고 책좀 읽게 하려고 독서 수업에 데리고 오셨는데 알고 있었지?

희성이 알고 있어요. 지금도 게임 대회를 쫓아다닐 만큼 게임을 좋아해요. 하지만 이제는 조절할 수 있습니다. 선생님 놀라시겠지만 저, 대학 가서 친구들과 고전 명작 읽기 팀을 만들었어요. 중·고등학교 시절에도 선생님이 권해주시는 책은 제가 다 읽었잖아요. 물론 게임이 더 좋아서 읽을 시간은 부족했지만요. 그때 책 읽고 친구들과 대화하는 시간이 즐거웠어요. 대충 읽었어도 같이 이야기를 하고 나면 무언가 제 마음속에 남았거든요.

대학에 가서 친구들과 깊이 있는 이야기를 나누게 되었는데요. 우리가 삶에 대한 성찰이 부족하다는 생각이 들었어요. 그러다 "같이 책 좀 읽을까?"로 시작된 거죠. 무엇을 읽어야 하나 고민하다가 선생님이 꼭 읽으라고 했던 고전 명작들이 생각났어요. 옛날에는 너무 대충 읽었더라고요. 그래서 다시 제대로 읽고 친구들과 대화해보려고 해요. 저 기특하죠?

게임을 맘대로 하고 싶어서 책을 읽어 오던 아이가 이제는 스스로 고전 작품을 함께 읽을 팀을 꾸리기로 했다니 멋진 일이 아닐 수 없습니다. 고전 읽기는 앞으로 희성이가 하고자 하는 일에 큰 도움이 되리라 생각합니다.

아이들에게 책 읽는 행복을 선물하세요

책 수업을 하며 만난 많은 아이들, 그중에서도 몇몇 아이들은 어른이 되어 가끔 찾아와 밥도 먹고 살아가는 이야기를 해줍니다. 책에 대한 추억을 나누며 자신들의 이야기를 들려줍니다. 그런 날은 지금 수업하고 있는 아이들의 미래가 떠올라 더 힘이 납니다. 아이들에게 책을 읽게 하고 글을 쓰게 하려고 애쓰고 있는 이 순간이 결코 헛되지 않으리라는 생각 때문입니다. 졸업을 하고 사회에 나가 자기 몫을 잘 해내고 있는 친구도 있고 대학에서 자신의 길을 열심히 준비하는 친구들도 있습니다. 지금도 독서를 하며 달라지는 아이들이 있습니다.

이렇게 좋은 결과를 얻기까지는 시간이 필요합니다. 아이들의 책 읽기가 지루하고 힘든 여정이라는 것도 압니다. 그러나 부모인 우리는 아이들과 매일 꾸준히 책을 읽어나가야 합니다. 책은 지식과 지혜의 보물 창고이며, 독서는 그 보물 창고를 여는 일입니다. 책이 지닌 가치와 독서의 힘을 믿는다면 가정에서부터 책 읽기를 생활화해야겠습니다.

앞으로의 세상을 살아나갈 우리 아이들이 책을 통해 나와 세상을 이해하는 힘을 얻고 위로를 받으며 즐거움을 누릴 수 있기를 바랍니다.

"저절로 책을 좋아하게 되는 아이는 거의 없다. 누군가는 아이를 매혹적인 이야기의 세계로 끌어들여야 한다. 누군가는 아이에게 그 길을 가르쳐줘야 한다." 미국에서 작가이자 도서 평론가로 활약했던 오빌 프레스콧의 말입니다. 아이에게 책 읽기를 가르치는 것은 부모로서 해야 할 많은 일 중에서도 특히 가치 있는 일이지요.

여기 소개된 내용이 모두 정답은 아니지만 저의 오랜 경험이 자녀 독서 지도에 조금이라도 도움이 되기를 바랍니다. 오늘도 아이들에게 책 읽는 행복을 선물해주세요.

가정에서 해보면 좋을 6단 논법 토론

6단 논법은 영국의 철학자 스티븐 툴민이 만든 모형으로, 자신의 생각을 말하거나 글을 쓰면 논리적인 생각 표현하기가 자연스럽게 키워집니다. 논법은 다음의 6단계로 이루어집니다.

[1] 안건 오늘 토론할 주제는 'ㅇㅇㅇㅇ'입니다.

[2] 결론 이 주제에 대해 저는 찬성(반대) 합니다.

[3] 이유 왜냐하면 ( ) 때문입니다.

[4] 설명 그것은 ( )이고 ( )이며 ( )합니다.

[5] 반론(재반론) 물론 ( )일 수도 있습니다. 하지만 ( )하기 때문에 ( )보다는 ( )하는 것이 바람직하다고 생각합니다.

[6] 예외 정리 만약 ( )하는 경우를 제외하고 ( )할 것입니다.

예시

안건 오늘 토론 할 주제는 '가상 인간을 적극적으로 활용해야 한다'입니다.

결론 이 주제에 대해 저는 반대합니다.

이유 왜냐하면 가상 인간이 거의 모든 광고나 TV에서 볼 수 있는 사람들을 대체한다면 직업을 잃는 사람들이 생길 것이기 때문입니다.

설명 가상 인간이 적극적으로 활용되는 현상에 대해 김명주 서울여대 바른AI센터장은 "이제 인간은 존재하지 않는 자와 경쟁하는 시대가 됐다. 가수를 예로 들자면 가수가 되기 위해 10년 이상 노력한 가수 지망생이 이제는 가상 인간 가수와 경쟁해야 한다"고 말합니다.

반론 물론 가상 인간을 활용하면 경제적으로 더 많은 수익을 얻을 수도 있습니다. 하지만 당장의 경제적 이익보다는 앞으로 점점 일자리를 잃어갈 사람들을 생각해야 하기 때문에 가상 인간을 적극 활용하는 것보다는 사람이 직접 하는 것이 바람직하다고 생각합니다.

예외 정리 만약 가상 인간을 활용하는 것이 꼭 필요한 경우가 아니라면 가상 인간을 적극 활용하는 것보다는 사람이 해야 할 것입니다.

가정에서 활용하면 좋을 비문학 독서 토론 주제 정하는 방법

책을 읽고 토론 주제를 정할 때는 책에 나와 있는 텍스트에서 정하는 것이 바람직합니다. 책에서 논제를 찾을 때 다음의 방법을 활용해보세요.

[1] 저자의 집필 의도를 알아봅니다. 책을 출판하게 된 배경이나 전후 상황을 알아봅니다. 본문에 들어가기에 앞서 작가의 말이나 프롤로그가 있다면 그 부분을 읽고 작가의 집필 의도를 파악해봅니다.

[2] 핵심 내용을 찾아봅니다. 저자는 보통 문제의식을 가지고 그 해결 방안을 책에 담습니다. 그 핵심 내용으로 논제를 삼을 수 있습니다. 그러려면 토론을 시작하기에 앞서 책 내용을 충분히 파악해야 합니다.

[3] 중심 주제를 찾아봅니다. 저자가 책을 통해 말하고자 하는 중심 주제를 논제로 할 수도 있습니다. 중심 주제가 옳은지 그른지, 주제를 해결하기 위한 방법은 타당한지 토론해보아도 좋겠습니다.

[4] 사회 현상과 관련된 내용을 생각해봅니다. 책 내용을 사회 현상에 접목하여 생각해봅니다. 뉴스 기사를 찾아보고 그 기사를 이용한 주

제 토론을 해도 좋습니다.

예시

주제 책《햄버거가 스테이크보다 위험해?》(양서윤 글·송효정 그림, 개암나무 펴냄)

• 어린이들이 꼭 알아야 할 안전한 먹거리에 관한 내용을 담은 책입니다.

[1] **토론 논제** 외식을 줄여야 한다.

[2] **토론 논제** 슬로푸드를 먹도록 하자.

[3] **토론 논제** 육류 음식을 적게 먹자.

[4] **토론 논제** 식품위생법 위반에 대한 강력한 처벌을 해야 한다.

학년 단계별 독서 토론 사례*

초등학교 저학년

《네모 상자 속의 아이들》토니 모리슨·슬레이드 모리슨 지음, 지젤 포터 그림, 이 상희 옮김, 문학동네

[1] 내용 파악

- 그림책에 나오는 그림을 보며 읽은 내용을 바탕으로 다시 한번 이야기해보기
- 아이가 어려워하면 부모님이 질문을 던지며 정리

[2] 생각 나누기

- 네모 상자에 들어가 있으면 어떤 느낌일까?
- 네모 상자 안에만 있을 때 좋은 점은 무엇일까?
- 네모 상자 안에서만 지내면 무엇이 불편할까?

* 2021년 12월 1일 선비북스 출판사를 통해 전자책으로 출판한 내용을 출판사 의 허락을 받아 재구성했습니다.

- 규칙이란 무엇일까?

- 우리는 어른들이 만든 규칙을 지키며 생활해야 하는데 이 규칙

  이 네모 상자라는 걸 이야기하기

- 어른들은 왜 규칙을 만들고 지키라고 하는 걸까?

[3] 이야기해볼까?

- 규칙은 꼭 지켜야 할까? 왜 지켜야 하지?

[4] 독후 활동

- 독서 일기 쓰기: 규칙은 왜 지켜야 하는지를 짧게 써보기

초등 중학년

《스갱 아저씨의 염소》 알퐁스 도데 지음, 에릭 바튀 그림, 강희진 옮김, 파랑새

[1] 내용 파악

- 누가 나오지?

- 스갱 아저씨는 염소를 어떤 방식으로 키웠지?

- 스갱 아저씨는 왜 염소를 위의 방식으로 키웠을까?

- 블랑께뜨는 어떤 행동을 하게 되었지?

- 결과는 어떻게 되었지?

[2] 생각해보기

- 내가 스갱 아저씨라면 블랑께뜨를 어떤 방법으로 키웠을까?
- 내가 블랑께뜨였다면 나는 어떻게 했을까?
- 블랑께뜨는 늑대와 싸울 때 왜 끝까지 버티고 싶었을까?

[3] 토론해보기

- 주제: 블랑께뜨가 집을 탈출한 것은 잘한 일이다.

[4] 블랑께뜨나 스갱 아저씨에게 편지글을 써본다.

[5] 서로의 글을 읽고 소감을 나눈다.

초등 고학년-1

《파란 티셔츠의 여행》 비르기트 프라더 지음, 비르기트 안토니 그림, 엄혜숙 옮김, 담푸스

[1] 내용파악

- 목화에서 옷이 만들어져 우리에게 오기까지 8단계를 알아보자.

[2] 주제알기

- 공정 무역이란 무엇일까?

- 공정 무역 제품을 왜 사용해야 할까?

- 공정 무역 제품의 특징은 무엇이 있을까?

- 공정 무역 제품을 사용하면 무엇이 좋을까?

- 우리 주변에 공정 무역 제품을 찾아보자.

[3] 찬반 토론을 해보자

- 논제: 가격이 비싸더라도 공정 무역 제품을 사용해야 한다.

[4] 공정 무역 제품을 사용하도록 하자는 연설문을 써보자.

초등 고학년-2

《레스토랑 Sal》 소윤경 글·그림, 문학동네

[1] 내용 파악 가장 기억에 남는 문장이나 장면을 이야기해보자.

- 손님들에게 비친 레스토랑 Sal의 모습은 어떠했나?

- 레스토랑 Sal의 비밀은 무엇일까?

- 토끼는 왜 목만 내밀고 있을까? 동물들은 왜 주사를 맞는 걸까?

- 레스토랑에 갇혀있는 동물들의 기분은 어떨까?

- 레스토랑 이름이 왜 Sal인지 그림을 보며 생각해보자.

[2] 생각 나누기

- 인간에게 인권이 있듯이 동물에게는 동물권이 있다는 것에 대해 어떻게 생각하는지 이야기해보자.
- 먹을 것이 풍요로운 우리는 탐욕으로 동물들을 사육하고 소비하고 있지는 않은지, 고통받는 동물에 대해 너무 쉽게 넘어가는 것은 아닌지 이야기해보자.

[3] 찬반 토론을 해보자.

- 논제: 학교 급식에 채식 식단을 마련하자.

[4] 토론을 평가해보자.

[5] 토론한 내용을 주장하는 글쓰기로 해보자.

[6] 쓴 글을 읽어보자.

《세계 시민 수업 1-난민》 박진숙 지음, 소복이 그림, 풀빛출판사

[1] 내용 파악

- 시리아, 콩고, 티베트, 미얀마 등 나라별로 난민이 발생하는 이유를 알아보자.

[2] 난민이 겪는 어려움에 관해 이야기해보자.

[3] 난민이라는 단어를 들으면 무슨 생각이 떠오르는지 생각해보자.

[4] 난민을 우리나라가 수용했을 때 어떤 문제가 생길까?

[5] 우리나라가 어려울 때 도움을 받았던 사례를 찾아보자.

[6] 찬반 토론을 해보자

- 논제: 난민을 수용해야 한다.

[7] 토론 평가를 한다.

[8] 난민을 수용해야 한다는 것에 대한 자기 생각을 논술문으로 작성해본다.

[9] 서로의 글을 읽고 소감을 말해본다.

중학생

《당나귀는 당나귀답게》 이지즈 네신 지음, 이종균 그림, 이난아 옮김, 푸른숲주니어

[1] '위대한 똥파리' 내용 간단히 이야기해보기

[2] 위 내용에서 객관적인 사실이나 정보를 찾아보자.

[3] 똥파리가 밖으로 나갈 수 있는 다른 방법은 없었을까?

[4] 똥파리를 바라보는 시선은 두 가지가 있었는데 무엇이었을까?

[5] 왜 위대한 똥파리일까?

[6] 유리창의 의미는 무엇일까?

[7] 토론을 해보자

- 젊은 똥파리의 행동은 옳다/옳지 않다.

- 나에게는 어떤 유리창이 있을까?

- 우리 사회에서 무너뜨려야 할 유리창은 무엇이 있을까?

[8] 토론 내용을 정리하여 발표해보자.

[9] 젊은 똥파리의 행동은 옳은지에 대해 자기 생각을 논설문 글로 써본다.

[10] 서로 읽어보고 소감을 말한다.

《공학의 명장면 12》크리스티안 힐 지음, 주세페 페라리오 그림, 이현경 옮김, 푸른숲주니어

[1] 내용 파악

- 공학이란 무엇일까?

- 종이의 발명으로 무엇이 달라졌을까?

- 콩테가 연필을 만들게 된 과정을 알아보자.

- 해석 기관과 컴퓨터의 연관성을 설명해보자.

- 무선통신 기술이란 무엇이고, 어떻게 응용되고 있는지 알아보자.

- 리오 베이클랜드가 합성수지를 어떻게 발명했는지 말해보자.

- 페니실린이 어떻게 해서 만들어졌고 이것이 인류사에 끼친 영

향은 무엇일까?

- 전자레인지에 물리학이 어떻게 적용되었는지 알아보자.
- 'WWW'라는 이름이 지닌 의미는 무엇일까? 특징은?

[2] 생각 나누기

- 공학 기술의 발전은 인류에게 어떤 도움을 주는 걸까?
- 공학 기술의 발전이 인류에게 주는 문제점은 무엇이 있을까?
- 공학 기술의 발전 과정에 있어서 우리가 생각해야 할 문제는 무엇일까?

[3] 책에 나오는 공학 기술 중에서 소개하고 싶은 걸 골라 소개문을 써보고 발표해 보자. 또는 공학 기술의 발전이 인류에게 미치는 영향에 대하여 자기 생각을 글로 써보자.

《소년 검돌이, 조선을 깨우다》 박향래 지음, 강창권 그림, 청어람주니어

[1] 내용 파악

- 한 사람당 책 내용과 관련하여 7문항씩 퀴즈를 내고 서로 맞춰 보자.

[2] 이 책의 시대적 배경이 되는 조선의 신분제에 대해 알아보자.

[3] 책에 나오는 신분 차별적인 내용은 무엇이 있을까?

[4] 검돌이에게서 우리가 배울 점은 무엇일까?

[5] 세상을 변화시키고자 한 다른 사례는 무엇이 있을까?

[6] 토론을 해보자.

- 세상을 바꾸는 힘은 무엇이 있을까?

- 현대의 차별적인 것은 무엇이 있을까?

- 불의에 맞서기 위해 행동하면 어떤 어려움을 겪게 될 수 있을까?

[7] 토론한 내용을 각 카페의 주인이 정리하여 발표해보자.

[8] 소년 검돌이에 대한 기사문을 작성해보자.

우리 아이 책 좀 읽게 해주세요

25년 차 베테랑 독서 지도사가 알려주는 체계적인 독서력 키우기

초판 1쇄 발행	2023년 8월 31일

지은이	양혜정
펴낸곳	(주)행성비
펴낸이	임태주

편집총괄	이윤희
책임편집	김지호
디자인	페이지엔

출판등록번호	제2010-000208호
주소	경기도 김포시 김포한강10로 133번길 107 710호
대표전화	031-8071-5913
팩스	0505-115-5917
이메일	hangseongb@naver.com
홈페이지	www.planetb.co.kr

ISBN 979-11-6471-244-1 (03370)

행성B는 독자 여러분의 참신한 기획 아이디어와 독창적인 원고를 기다리고 있습니다.
hangseongb@naver.com으로 보내 주시면 소중하게 검토하겠습니다.